ALEX MITCHELL

Mein Küchenbalkon

Obst und Gemüse für City-Gärtner

Mein Küchenbalkon

ALEX MITCHELL

Obst und Gemüse für City-Gärtner

FOTOS VON SARAH CUTTLE

KOSMOS

Inhalt

Stadtgärtnern

Stellen Sie sich vor, Sie sitzen hoch oben über den Dächern in einem mediterranen Idyll, umgeben von Trauben, Tomaten, Zitronen und Salaten so frisch, dass man sie förmlich knacken hört, während weit unten der Verkehr tost. Ein Traum? Nein. Keinen eigenen Garten zu haben heißt nicht, dass Sie nicht tagtäglich köstliches, biologisches Gemüse und Obst ernten können. Ihr kleines Reich kann aus einer Abordnung von Töpfen auf dem Balkon oder einem veritablen Obstgarten auf der Dachterrasse bestehen. Gibt es eine angenehmere Zuflucht vor der Großstadthektik?

Stadtleben: Bienenkörbe und Nutzpflanzen in fröhlicher Koexistenz.

Schon immer wurde das bisschen Lebensraum unter freiem Himmel in der Stadt be- grünt. Ob es sich nun um Mini-Balkone handelte oder um elegante, aufwendig gestaltete Dachterrassen mit Blick auf die Skyline. Inzwischen aber gestalten wir unsere Umgebung mehr denn je mit Pflanzen. Allein in London haben bereits über 60 Prozent der neuen Wohnungen einen Außenraum – dreimal so viel wie noch vor zehn Jahren. Auf diesen aufkeimenden Balkongärten aber wachsen beileibe nicht mehr nur Blumen. Warum soll man sich auch mit Geranien begnügen, wenn man Obst, Gemüse und Kräuter von köstlicher Bioqualität zum Greifen nah ziehen kann?

Balkone eignen sich hervorragend für den Anbau von Nutzpflanzen, denn sie sind oft sehr sonnig und meist unerreichbar weit weg von Schädlingen wie Schnecken. Viele Gemüse- und Obstarten kommen bestens mit Töpfen zurecht – und sehen auch noch gut darin aus, angefangen von Feigenbäumen über silbrigen Thymian bis hin zu krausem Blatt-Salat. Auf Balkonen ist Platz für alles, was man nicht in

Supermärkten bekommt: gestreifte Tomaten, gefleckte Borlotti-Bohnen, Schild-Ampfer ...

Zum Selbstversorger werden Sie mit einem Balkon nicht, doch kommen Sie in den Genuss von Frischem direkt von der Pflanze und wissen genau, wie und wo es gewachsen ist. Salat reist durchschnittlich 2 000 Kilometer, bis er in die Schüssel kommt – von Ihrem Balkon zum Esstisch dagegen sind es nur ein paar Meter.

In aller Welt entdecken Städter, dass die Kultur von frischem Obst und Gemüse enormen Spaß macht und gar nicht so viel Platz braucht. Viele von ihnen sind jung und haben keinerlei Erfahrung mit dem Selbstanbau. Dennoch fasziniert es sie, Eigenes direkt von der Pflanze zu pflücken und ihm beim Heranreifen vor dem Fenster praktisch zusehen zu können.

Balkone mögen klein sein, doch gerade das weckt die Kreativität ihrer Besitzer, jedes Fleckchen zu nutzen. Ob Sie ein exotisches Flair schaffen, sich einen ausgeklügelten Topf-Kräuter-Garten zulegen oder einfach nur so viel Nutzpflanzen wie möglich unterbringen wollen, ein Balkon ist eine Bühne, die darauf wartet, mit Kulissen ausgestattet zu werden. Dem Erfindungsreichtum sind dabei keine Grenzen gesetzt – manche ziehen sogar Salatblätter in Flaschen und Kräuter in Hängeschuhorganisierern. Kreativität und Individualität treibt die neuen städtischen Gemüse- und Obstgärtner an; ausgedehnte Felder sind nicht nötig – alles was sie brauchen sind ein paar Töpfe.

Derzeit gibt es in London rund 100 000 Quadratmeter begrünter Dächer und schon 2012 sollen es nach dem Willen der Stadtplaner doppelt so viele sein. Selbst winzige Flächen gehören dazu: Schätzungen zufolge stehen allein in Großbritannien 240 Hektar Fensterbänke als potenzielle Anbaufläche zur Verfügung. Alle Flachdächer in London zusammengenommen kommen auf eine Fläche von 240 Quadratkilometer – Platz für eine ganze Menge Tomaten. Aber warum soll man sich auf Obst und Gemüse beschränken? Ein Bienenstock nimmt weniger Platz in Beschlag, als man meint. Wieso nicht in oberen Stockwerken eigenen Honig produzieren?

Ob es sich um Kräuter auf einer Feuerleiter in Manhattan oder Salat und Oliven im Herzen Frankfurts handelt, in diesem Buch finden Sie eine Fülle origineller Anregungen und praktische Tipps. Sie erfahren, wie Sie einen wunderschönen Platz im Freien gestalten, selbst wenn er sich viele Stockwerke über der Erde befindet. Dieses Buch ist voller Ideen – angefangen vom simplen Nutzbalkon, der an einem Wochenende fertig ist, über individuelle Anleitungen für die Gestaltung mit gebrauchten, zweckentfremdeten Materialien und den Anbau exotischer Früchte bis hin zu selbst gebastelten Salatwänden. Machen Sie Ihren Balkon oder Ihre Dachterrasse zum luftigen Gourmetgarten Eden!

Warum gärtnern auf dem Stadtbalkon?

Ihr Balkon, so klein er auch sein mag, ist eine wertvolle grüne Oase in der Stadt. Doch seine Vorzüge gehen weit über den rein ästhetischen Wert hinaus: Wer Nutz- und Zierpflanzen in seinem Freiluftzimmer zieht, schafft nicht nur einen einladenden Zufluchtsort zum Entspannen und einen Freiraum an Köstlichkeiten für die Küche, er erweist auch der Umwelt einen Dienst.

Schönes Ambiente

Ein nackter Balkon ist ein deprimierender Anblick, ein seelenloses Rechteck aus Stahl und Glas. Füllen Sie ihn mit Pflanzen und er wird ein lebendiger Hort, der die harten Linien der Stadt auflockert und Sie aufatmen lässt.

Leckeres Obst und Gemüse

Süße Karotten, himmlisch reife Erdbeeren, knackige Salate – frischer als vom Balkon geht es nicht. Zudem können Sie hier Köstlichkeiten ziehen, die Sie im Handel nur schwer auftreiben: Zucker-Erbsen und gelbe Kirsch-Tomaten beispielsweise.
Mit minimalem Aufwand werden Sie zum Selbstversorger in Sachen Kräuter und müssen nie wieder Plastikpäckchen mit Petersilie aus dem Supermarkt holen, die im Kühlschrank zu grünem Schleim mutiert.

Bessere CO_2-Bilanz

Es macht schon Riesenspaß, schnell mal nach draußen gehen zu können und Salat für die Küche von dort

zu holen, wo er gewachsen ist. Wer Eigenes heranzieht, merkt bald, wofür gerade Saison ist und was in seiner Gegend überhaupt wächst. Wenn Sie einmal Busch-Bohnen aus eigenem Anbau genossen haben, dann sind die aus vielen Tausend Kilometer eingeflogenen grünen verholzten Stängel mit einem Mal gar nicht mehr so verlockend.

Prima Klima

In dicht bebauten Arealen staut sich die Hitze. Deshalb kann die Umgebungstemperatur in Städten bis zu 3 °C höher liegen als auf dem Land. Und weil sich die Erderwärmung in nächster Zeit fortsetzen wird, dürfte es in urbanen Lebensräumen bald noch ein Stückchen heißer werden. Pflanzen auf Dächern und Balkonen reduzieren die Erwärmung von Gebäuden durch die Sonne um bis zu 20 Prozent, was die Notwendigkeit einer energieintensiven Klimatisierung reduziert. Im japanischen Osaka wurden Süßkartoffeln auf dem Dach eines Bürogebäudes hydroponisch, also in einer Nährstofflösung statt in Erde kultiviert. So schützte man nicht nur das Dach vor der Sonneneinstrahlung, sondern konnte obendrein eine nützliche Ernte einfahren. Im Changi Hospital in Singapur wachsen Tomaten hydroponisch auf dem Dach, was jährlich 200 Kilogramm Früchte liefert und das Gebäude kühl hält. In gemäßigten Zonen indes hat das Bepflanzen von Dächern den gegenteiligen Effekt: Es senkt den Wärmeverlust und spart Heizkosten.

Schonung der Abwassersysteme

Jedes Mal, wenn es in der Stadt regnet, ergießen sich Unmengen Wasser in die Kanalisation und mischen sich dort mit dem Abwasser, bevor das Gemisch in die Kläranlagen fließt. Das funktionierte damals beim Bau des Systems auch gut. Inzwischen aber sind viele Straßen, Gebäude, Pflasterflächen und Parkplätze hinzugekommen, weshalb immer mehr Wasser in die Rohre rauscht, statt im Boden zu versickern. Ein plötzlicher Wolkenbruch kann die Kanalisation einer Stadt derart überlasten, dass die Mischung aus Regen- und Abwasser in die Flüsse geleitet werden muss.

Durch Bepflanzen von Balkonen und Dächern schafft man einen Schwamm, der Regen eine Zeitlang speichert, bevor er den Weg nach unten nimmt. Durch Begrünung Ihrer Freiflächen leisten Sie also einen wichtigen Beitrag zum Abwassersystem. Ebenfalls hilfreich: Das Aufstellen von Wasserfässern zum Sammeln von Regen.

Bessere Luft, weniger Lärm

Pflanzen an und auf Häusern verbessern die Luftqualität, weil sie Kohlendioxidemissionen absorbieren und Sauerstoff produzieren. Ein grünes Dach dämpft ferner den Lärm des Luft- und Autoverkehrs.

Standortbegehung auf Balkonien

Ein Garten hoch über der Erde ist ein einzigartiger Raum mit ganz eigenen Vorzügen und auch Herausforderungen. Die Sonne scheint vielleicht den ganzen Tag, und Schnecken tun sich sicher schwer, bis nach oben zu kriechen, dafür ist es windiger. Sorgen Sie deshalb dafür, dass Ihr Garten in luftiger Höhe sicher, gemütlich und ertragreich ist.

Tragende Rolle

Balkone sind so konstruiert, dass sie das Gewicht von Menschen tragen können – ein paar Töpfe sind in der Regel kein Problem. Wenn Sie nicht ganz sicher sind, verwenden Sie leichte Gefäße aus Kunststoff mit Übertöpfen aus Weidenruten und stellen Sie sie nah an die Wand bzw. über tragende Stützen. Auch Dachterrassen halten meist ein ordentliches Gewicht aus und sollten mit ein paar Kübeln gut zurechtkommen. Wenn Sie allerdings ambitioniertere Pläne haben, etwa sehr große Kübel, Hochbeete oder das Verteilen einer Erdschicht auf dem ganzen Dach, sollten Sie vorher einen Bauingenieur bzw. Architekten um Rat fragen. Für eine »inoffizielle« Dachterrasse auf einem Flachdach, das ursprünglich nicht dafür gedacht war, Menschen und Pflanzen zu tragen, brauchen Sie obendrein die entsprechenden baulichen Genehmigungen und das Gutachten eines Experten, ob das Gebäude so etwas überhaupt aushält.

Lasttragende Bereiche befinden sich in der Regel eher am Rand und über tragenden Innenmauern – hier kann man Töpfe, Wasserelemente und Sitzgelegenheiten getrost aufstellen. Auf Außenbalkonen sollte man schwere Töpfe nicht alle in einer Ecke platzieren, sondern die Belastung gleichmäßig verteilen und die gewichtigsten Gefäße in Wandnähe positionieren.

Erde, Wind und Sonne

Ist es sonnig? Schattig? Windig? Darüber sollten Sie sich Gedanken machen, wenn Sie einen Garten hoch droben planen. Eines aber ist sicher: Freiflächen in luftigen Etagen sind in der Regel wesentlich exponierter als Gärten am Boden, weshalb Sie mit Wind rechnen müssen.

Es gibt zwei Strategien bei der Planung: Erstens, Sie können windverträgliche Gewächse pflanzen. Gut sind Hecken aus Gräsern oder Bambus und solche, die dichte immergrüne Wände bilden, etwa Buchsbäume oder die Wintergrüne Ölweide (*Elaeagnus × ebbingei*). Viele stammen übrigens aus Lebensräumen an der Küste. Unter den Nutzpflanzen vertragen winterharte Kräuter, beispielsweise Rosmarin und Lorbeer, niedrige Vertreter wie Salate und Erdbeeren, aber auch Oliven und andere zähe Obstgehölze oder Gemüse, wie Karotten, Kartoffeln und Zwerg-Busch-Bohnen kräftigere Windbrisen.

Zweitens, Sie errichten einen Windschutz. Rankgitter, Bambus- oder Grasflechtzäune gibt es in allen Gartencentern. Sie sind ideal, denn sie filtern den Wind nur etwas, anstatt ihn völlig zu blockieren. Das würde ihn lediglich verschlimmern, weil er dann über die Barriere fegt und umso heftigere Verwirbelungen dahinter bildet.

Natürlich kann man Rankgitter auch für Pflanzen verwenden und damit jeder Gartengestaltung Höhe verleihen. Bambus- und Riedgraszäune taugen zwar nicht als Kletterhilfe, wirken aber auf das Auge weicher, sind äußerst preisgünstig und lassen sich problemlos mit Kabelbindern an Stützen befestigen. Natürlich blockieren sie auch die Sicht, weshalb man sich überlegen sollte, ob man auf die Skyline verzichten möchte.

Sogar für die Auswahl der Töpfe spielt der Wind eine Rolle. Je leichter das Gefäß, desto weniger wird Ihr Balkon oder Ihre Dachterrasse belastet und desto einfacher ist es, das Material überhaupt erst dorthin zu schaffen. Andererseits aber können Leichtgewichte an einem windigen Tag umfallen – selbst Möbelstücke werden von einer kräftigen Bö mitunter quer über den Balkon getrieben. Wenn Sie windexponiert wohnen, binden Sie leichte Töpfe an oder nehmen Sie schwerere Exemplare, etwa aus Ton, die nicht bei jedem Lüftchen zu wandern beginnen. Am stabilsten stehen massive Tröge.

Zu den großen Vorzügen in den oberen Etagen gehört die viele Sonne. Jeder mit einem kleinen Stadtgarten weiß, wie frustrierend es ist, wenn Nachbargebäude und Bäume Schatten auf die Nutz- und Zierpflanzen werfen – oder gar auf die Stelle, an der man sonnenbaden möchte. In höheren Gefilden hat man solche Probleme nicht so oft, was aber ebenfalls Nachteile mit sich bringen kann: Sticht die Sonne zu sehr, muss man mit verbrannten Pflanzen rechnen und ständig wässern. Gerade in unseren nördlichen Breiten ist das allerdings weniger ein Problem – und wenn es einmal wirklich tropisch heiß werden sollte, dann ist ein Sonnensegel schnell gespannt. Wer auf langlebigere Beschattung Wert legt, installiert eine Markise, die sich an heißen Tagen aus- und bei Wind wieder einfahren lässt.

Schreiben Sie Winkel, mit denen Sie auf den ersten Blick nichts anfangen können, nicht gleich ab. Was sich hinter einer Ecke verbirgt oder den ganzen Tag im Schatten

Wasserfässer sind auf Balkonen von unschätzbarem Wert.

liegt, ist nicht nur der ideale Stauraum für Töpfe, Blumenerde, den Grill und Liegestühle. Hier kann man auch sehr gut einen kleinen Kompost oder Regenwurmkomposter anlegen. Darin verwandeln sich ungekochte Küchen- und Schnittabfälle in wertvolle, nährstoffreiche Komposterde, mit der Sie Ihre Pflanzen düngen können.

Wenn Sie den Standort von Esstischen und Stühlen festlegen, tragen Sie der Wanderung der Sonne im Tagesverlauf Rechnung. Wo scheint sie morgens, wo mittags und wo abends auf den Balkon? Gibt es einen Winkel, in dem man eine kleine Sitzgruppe mit Stühlen und einem Tisch aufstellen und nach einem langen, arbeitsreichen Tag einen herrlichen Dämmerschoppen oder eine sommerliche Abendmahlzeit genießen kann?

Wasser-Leitung

Alle Dächer, auch flache, werden mit einer leichten Neigung konstruiert, damit Regenwasser in Dachrinnen oder Abflüsse laufen kann. Finden Sie heraus, in welche Richtung die Neigung Ihres Dachs verläuft. Denn wenn Sie Töpfe gießen und Wasser aus dem Abzugsloch rinnt, soll es schließlich nicht irgendwo zwischen dem Standort und dem Abflussgully hängenbleiben, etwa an einem Pflanzkasten.

Dächer haben eine wasserdichte Schicht. Sie darf während der Anlage der Dachterrasse auf keinen Fall beschädigt werden, sonst gelangt Regenwasser nach drinnen und tropft irgendwann von der Decke.

Das Thema Wassersparen hat in letzter Zeit an Aktualität gewonnen. Man hält uns zunehmend an, das kostbare Nass zu sparen. Regenwasser auf dem Dach in einer Tonne zu sammeln ist daher keine schlechte Idee. Damit hat man gleich das nötige Gießwasser zur Hand, was man so richtig schätzen lernt, wenn man mehrmals täglich mit der schweren Kanne aus der Küche nach oben marschieren oder einen teuren Hahn auf dem Dach installieren muss.

»Ich würde mich an deiner Stelle nicht dort anlehnen«

Ergreifen Sie sofort die Flucht, wenn Sie diesen Satz hoch droben hören! Es versteht sich von selbst, dass jeder Balkon und jede Dachterrasse eine sichere Befestigung haben muss. Tragen Sie Sorge dafür, dass Geländer und andere Barrieren fest installiert sind, bevor Sie Ihren Nutzgarten in luftiger Höhe anlegen. Es kann sein, dass Geländer eines Tages mit Pflanzen überwuchert sind oder Windschutz tragen müssen. Wenn Sie Pflanzkästen oder Sitzgelegenheiten an den Rand eines Balkongartens stellen, dürfen Kinder sie nicht benutzen, um über die Brüstung zu klettern.

Basics für die Gestaltung

Warum nicht durch einen Tunnel aus Kletter-Bohnen wandern oder sich in einer Liegestuhllaube aus Himbeeren und leuchtend orangefarbenen Kürbissen verkriechen? Ihr Balkon soll schließlich nicht nur Genüsse liefern, sondern auch als Ihr privates Paradies dienen, in dem Sie Ihrer Fantasie gestalterisch freien Lauf lassen dürfen. Sorgen Sie dafür, dass er so gut aussieht, wie er schmeckt. Hier einige Tipps.

Blickdicht mit Pflanzen

Selbst wenn Sie hoch über Autos, Fußgängern und gefräßigen Schnecken thronen: Sie leben trotzdem in einem Wohnblock und sind damit nicht allzu weit von anderen Menschen entfernt. Bevor Sie Sichtschutzwände installieren, sollten Sie überlegen, ob Sie sich nicht mit Pflanzen ebenso gut vor neugierigen Blicken schützen können. Ein Lorbeerhochstamm mit kugeliger Krone kann ganzjährig punktuellen Sichtschutz bieten. Immergrüner Buchs und Rosmarin bilden eine dichte niedrige Hecke. Hoher Bambus und Gräser sind mit Töpfen völlig zufrieden und bremsen obendrein den Wind. Eine Rebe an einer kleinen Pergola macht nicht nur dicht, sondern spendet überdies Schatten. Auch andere immergrüne Gaumenfreuden wie Salbei leisten hier gute Dienste, ganz zu schweigen von der unendlichen Vielzahl nicht essbarer Kletterer.

Wenn Ihr Balkon oder Dachgarten groß genug ist, können Sie sogar überlegen, ob Sie den verfügbaren Raum nicht mit Rankgittern in mehrere Bereiche untergliedern – etwa in eine Essecke, eine Fläche zum Sonnenbaden und ein Spielareal für Kinder. Auf einem langen, schmalen Dach lohnt es sich immer, das Ganze durch versetzte Begrenzungen zu unterteilen, sodass man das Ende der Terrasse nicht sieht, aber zu einem Zickzackkurs gezwungen wird, der neugierig auf das macht, was hinter jeder »Biegung« verborgen liegt. Dadurch ergeben sich reichlich Kletterflächen für Nutzpflanzen wie Bohnen, Gurken und Kürbisse oder Gewächse, die vertikale Stützen brauchen, etwa Spalierobst, Brombeeren, Himbeeren, Taybeeren oder Stab-Tomaten. Die Gliederung des Dachgartens in einzelne Bereiche bietet zudem Schutz vor Wind und zu viel Sonne.

Balkone als Freiluftzimmer

Balkone haben mit ihren drei Wänden und oft sogar einem Dach mehr mit Zimmern gemein als mit herkömmlichen Gärten. Deshalb macht es mitunter großen Spaß, sie zu gestalten. Außerdem sind sie für Gartenanfänger, die sich mit der Planung einer ausgedehnten Anlage mit Rasenflächen und Blumenbeeten überfordert fühlen würden, wesentlich überschaubarer. Wenn Sie den Balkon als weiteren Raum Ihrer Wohnung betrachten, fällt es Ihnen leichter, ihn nach eigenem Gusto zu gestalten und mit Farben und Materialien zu experimentieren.

Boden mit Belag

Viele moderne Dachterrassen und Balkone haben ein Holzdeck als Belag. Dieses stilvolle, relativ leichte und preiswerte Material bügelt Unebenheiten des Bodens aus und ist hervorragend dafür geeignet, Lichtkabel und Leitungen zu kaschieren. Das Holz sollte aber aus nachhaltig bewirtschafteten Wäldern stammen – auf viele Tropenhölzer trifft das nicht zu. Holzdecks lassen sich problemlos auf jeden Raum zuschneiden. Da die Bretter in unterschiedlichen Mustern angeordnet werden können, lässt sich der Raum optisch gliedern. Wenn Sie eine lange, schmale Fläche haben, verlegen Sie die Bretter quer, damit das Auge nicht schnurstracks die ganze Flucht entlang bis zum Ende geführt wird und damit noch

Immergrüne essbare Pflanzen wie Lorbeer und duftende Kräuter können Sichtschutz bieten.

schmaler wirkt. Quadrate mit längs und quer verlaufenden Brettern wiederum bringen Leben und Abwechslung in eine ansonsten leere Ödnis.

Wenn Sie den Belag von Balkonen oder Dachterrassen austauschen, muss stets gewährleistet sein, dass Regenwasser ungehindert ablaufen kann. Stehendes Wasser auf einer Fläche kann Isolierungen im Lauf der Zeit verrotten lassen und dann in das Gebäude darunter eindringen. Holzdecks sollten also auf Tragebalken verlegt werden, damit Wasser durch die Bretter und in die Abflüsse rinnen kann. Diese Balken wiederum dürfen dem Wasser den Weg zum Gully nicht versperren.

Das Verlegen von Holzdecks ist Ihnen zu viel Aufwand? Sie wollen eher etwas Ungewöhnliches, weniger Ernstes? Wie wäre es dann mit einem Kunstrasen? Ihn müssen Sie lediglich ausrollen und zurechtschneiden. Ist er einmal verlegt, muss er nur noch hin und und wieder gereinigt werden.

Raum nach oben

Statt Töpfe in jede Ecke zu stopfen, sollten Sie nicht vergessen, dass weiter oben ebenfalls Raum für Grün ist: In Blumenampeln passen überraschend viele Köstlichkeiten – von Erdbeeren über Salate bis hin zu Tomaten. In letzter Zeit hat man enorme Fortschritte bei begrünbaren Wandelementen gemacht. So gibt es inzwischen mit Steinwolle gefüllte Pflanzmodule, in denen Nutzpflanzen hydroponisch kultiviert werden (S. 146). Sie eignen sich für die verschiedensten Kräuter sowie Salate und lassen sich problemlos an einer Gebäudemauer anbringen.

Es muss technisch aber nicht gleich so aufwendig sein: Schon Holzbänke entlang des Balkon- oder Terrassenrands verdoppeln die begrünbare Fläche und lassen sie herrlich üppig wirken. Zudem spendet diese zusätzliche Etage weniger sonnenfixierten Gewächsen wie Minze, Schnittlauch, Ampfer und Petersilie Schatten. Balkongeländer taugen perfekt als Stütze für Kletterpflanzen oder auch für Tomaten und sogar Spalierobst.

Ein Rankbogen oder eine ganze Pergola sind ebenfalls vorzügliche Elemente für Balkone und Dachgärten. Sie spenden lichten Schatten, sind ausgesprochen schön anzusehen und bieten reichlich Raum für Kletterer wie Reben, Kiwis, Busch- oder Stangen-Bohnen und Kürbisse in den verschiedensten Formen und Farben. Wer nur einen kleinen Balkon hat, kann sich mit einer originellen Pergola in Form einiger Drähte behelfen, die er so hoch wie möglich vom Balkongeländer zur Mauer spannt, um daran Gemüse oder Obst zu ziehen. Steht Ihnen hingegen etwas mehr Platz zur Verfügung, können Sie vielleicht sogar einen Bogen aus Holz oder Metall aufstellen. Er muss allerdings gut befestigt sein, damit er nicht beim leisesten Windhauch kippt.

Durch das diagonal verlegte Holzdeck wirkt dieser winzige Balkon größer.

Für Topf und Kübel

Bei der Auswahl der Pflanzengefäße gibt es keine besonderen Regeln – vom vielfältigen Mix unterschiedlich großer Töpfe aus Ton und Kunststoff bis hin zu eleganten Metalltrögen am Balkonrand ist alles möglich. In welchem Stil Sie Ihren luftigen Garten gestalten möchten, hängt allein von Ihnen ab. Trotzdem gibt es ein paar Dinge, die man beachten sollte.

Als Faustregel gilt: Je größer das Gefäß, desto weniger Pflege braucht die Pflanze. Das gilt vor allem beim Wässern und Düngen. Kleine Töpfe und Fensterkästen müssen im Sommer täglich gegossen werden, während man bei großen Kübeln höchstens alle drei Tage zur Kanne zu greifen braucht. Behandeln Sie voluminöse Gefäße genau wie Mini-Beete, z. B. indem Sie Bäume mit niedrigen Blumen oder mit Nutzpflanzen wie Blatt-Salat, Erdbeeren und Kräutern kombinieren – so kriegen Sie ziemlich viel in ihnen unter. Besondere Gestaltungsfreiheit hat man mit Pflanzgefäßen auf Rädern, denn man kann sie beliebig herumfahren, um verschiedene Bereiche vor Blicken abzuschirmen oder die Gewächse dort zu platzieren, wo sie am meisten Licht abbekommen.

Man kann sich seine Pflanzgefäße für den Balkon oder Dachgarten speziell anfertigen lassen, doch ist es auch nicht schwer, passende – und wesentlich preiswertere – Töpfe aufzutreiben. Manchmal sieht ein verzinkter Abfalleimer so stilvoll aus wie ein maßgeschneiderter Trog. Ein elegantes Aussehen erreicht man am besten, indem man sich um stilistische Einheit bemüht. Zu viele unterschiedliche Materialien – hier schwarzer Kunststoff, dort Ton – lenken das Auge ab und zerhacken den Raum optisch. Wesentlich stimmiger wirkt es dagegen, wenn beispielsweise alles in Holz gehalten ist. Verzinkte Metallbehälter machen sich immer gut: Sie sind leicht, modern, aber trotzdem optisch weich und in allen Formen und Größen erhältlich, angefangen von Fensterkästen bis zu großen Kübeln für Obstbäume. Ein Klassiker ist Ton: Handgemachte Töpfe sehen wesentlich besser aus als seriengefertigte, sind aber auch viel teurer. Allerdings gehört Terrakotta nicht zu den leichtesten Materialien. Tröge eignen sich besonders für Balkone, weil sie gut in Ecken passen und daher den Platz optimal nutzen.

Wer schnell etwas zum Bepflanzen braucht, kann sich Kunststoffgefäße besorgen. Sie sind billig, leicht, in allen Größen und den verschiedensten Farben erhältlich, sodass sie Leben in jedes Ambiente bringen. Es gibt unzählige Varianten für die Obst- und Gemüsekultur.

Ideal für Dachgärten und Balkone sind Gefäße mit eingebautem Wasserbehälter. Mit ihnen muss man viel weniger wässern als mit herkömmlichen Töpfen. Hungrige Pflanzen wie Tomaten, Auberginen, Kürbisse und Paprika eignen sich dafür bestens. Die Gefäße wer-

den als »selbstbewässernde Töpfe« angeboten, doch kann man sie auch in Eigenregie basteln (siehe S. 71).

Wind ist auf Balkonen immer ein Problem. Töpfe mit breiter Basis sind am standfestesten, solche mit nach unten schmaler werdender Form alles andere als ideal. Tröge dagegen trotzen fast jedem Sturm. Sie können so gestellt werden, dass sie nahtlos mit dem Balkonrand abschließen.

Wer ein eher traditionelles Aussehen bevorzugt, ist mit Mini-Hochbeeten als Bausatz gut beraten. Sie sind relativ breit, sodass sich die Last gut verteilt und im Grunde nur so schwer wie das Substrat in ihnen. Allerdings müssen sie so platziert werden, dass sie abfließendes Wasser nicht daran hindern, in den Gully zu laufen.

Wunderbar praktisch im Sack

Pflanzsäcke eignen sich vortrefflich für die Nutzpflanzenkultur, denn sie speichern Wasser und sind mit Substrat erhältlich, das bereits mit Dünger angereichert wurde. Man kann sie nicht nur Treppen hochtragen, sie lassen sich auch direkt an die Wand stellen, sodass sie selbst am schmalsten Balkon Platz finden und immer noch genug Raum für Tisch und Stühle bleibt.

Selbst Kartoffeln kann man in Pflanzsäcken ziehen, indem man die Säcke hochkant stellt und das obere Ende abschneidet. Nach rund zwölf Wochen kann man ernten.

IDEAL FÜR PFLANZSÄCKE

- Tomaten
- Paprika
- Auberginen
- Gurken
- Chilis
- Kopf-Salat
- Rucola
- Basilikum
- Radieschen
- Busch- und Stangen-Bohnen
- Zucchini
- Kürbisse
- Erbsen
- Mangold

Gärten im Kasten

In Fensterkästen finden erstaunlich viele Nutzpflanzen Platz, doch muss man die passenden Pflanzen dafür auswählen. Versuchen Sie ein so großes und tiefes Gefäß wie möglich zu kaufen, um ausreichend Platz bei der Bepflanzung zu haben und nicht ständig wässern zu müssen. Wenn Sie hoch oben wohnen, brauchen Ihre Blumenkästen eine sichere Befestigung. Es gibt jedoch auch geteilte Pflanztröge, die man auf Balkonmauern »aufsattelt«, sodass sie keine zusätzliche Befestigung benötigen. Und wenn Sie Angst haben, dass trotzdem etwas nach unten fallen könnte, hängen Sie Kästen und Tröge einfach nach innen.

IDEAL FÜR FENSTERKÄSTEN

- Blatt-Salate
- Radieschen
- Frühlingszwiebeln
- Zwerg-Busch-Bohnen
- Strauch- oder Hänge-Tomaten (keine Stab-Tomaten)
- Erdbeeren
- Mangold
- Essbare Blüten wie Kapuzinerkresse, Veilchen, Studentenblumen
- Chilis
- Erbsensprossen (siehe S. 39)
- Kräuter: Basilikum, Schnittlauch, Koriander und Petersilie gedeihen in mittelgroßen Kästen, während Rosmarin, Thymian, Salbei und Oregano ein tieferes, größeres Gefäß brauchen.

IDEAL FÜR BLUMENAMPELN

- Hänge-Tomaten wie die Sorte 'Tumbler' – 1 Pflanze pro Topf
- Erdbeeren – 3 Pflanzen pro Topf
- Salat: Kopf-Salat, Rucola u. a.
- Stangen-Bohnen – säen Sie 3–4 Samen und lassen Sie die Pflanzen in einer Kaskade aus Blüten und Bohnen über die Ränder der Ampel wachsen
- Frühlingszwiebeln
- Erbsensprossen (siehe S. 39)
- Kräuter: Koriander, Schnittlauch, Petersilie, Thymian, Oregano, Kerbel, Estragon und Basilikum

Hängende Gärten

Beim Balkongärtnern beschränkt sich die bepflanzbare Fläche nicht auf die Horizontale: Gerade das Ausreizen der Möglichkeiten bei der Begrünung senkrechter Flächen macht die ganze Sache erst so richtig spannend. Befestigen Sie Rankgitter an den Mauern, an denen Sie Ihre Pflanzen ziehen. Wenn der Balkon ein Geländer oder Metallgitter als Begrenzung hat, lassen Sie Erbsen, Busch- und Stangen-Bohnen oder Kürbisse an ihnen hochwachsen.

Ständig kommen neue Produkte für »vertikale Gärten« auf den Markt, etwa farbige Plastikrohre mit Löchern, die man an der Wand befestigt und mit Salat, Kräutern, Blumen, hängenden Tomaten, Erbsen oder Erdbeeren bepflanzen kann. »Woolly Pockets« heißen Filztaschen, die zu 90 Prozent aus recycelten Kunststoffflaschen bestehen und so tief sind, dass sogar Auberginen und Paprika in ihnen wachsen. Eine ganze Wand aus diesen Taschen entfaltet eine verblüffende Wirkung und dient als Lebensraum für erstaunlich viele Pflanzen.

Hängen lassen

Blumenampeln bzw. Hängekörbe bringen nicht nur Leben und Farbe auf einen Balkon, sondern bieten auch Platz für überraschend viele Nutzpflanzen. Harte Linien lassen sich durch eine Reihe aus Gefäßen an der Decke – falls sich über Ihrem Balkon ein weiterer befindet – vortrefflich auflockern. Wie bei Fensterkästen müssen die Gefäße aber sicher befestigt werden, denn eine volle Blumenampel kann viel Schaden anrichten, wenn sie sich löst. Auch hier gilt wieder: Sind Sie sich nicht ganz sicher, hängen Sie die Ampeln oder Körbe lieber an die Innenseite des Geländers oder einen anderen Ort, von dem aus sie nur auf den Balkonboden fallen können.

Bei der Kultur von Nutzpflanzen in hängenden Gefäßen gilt es zweierlei zu beachten. Erstens: Sie müssen nicht unbedingt Produkte mit Metallkorb und einer Auskleidung aus Moos, Kokosfaser, Sisal oder Jute bzw. ein Rattangefäß aus dem Gartencenter kaufen, wenn Ihnen das nicht gefällt. Diese vorgefertigten Bausätze lassen sich zwar leicht anbringen, sind robust, enthalten meist auch eine Wand- oder Deckenhalterung und tragen das Gewicht des Inhalts ganz sicher. Allerdings wirken sie manchmal recht gesichtslos und altbacken. Scheuen Sie sich daher nicht, Ihre Hängegefäße mit Löchern für den Wasserabzug und zur Befestigung der Schnüre und Ketten selbst maßzuschneidern. Farbenfrohe Dosen, Küchensiebe und große Plastikgefäße sind wesentlich orgineller, stilvoller und individueller als Massenware.

Zweitens: Hängekörbe sind klein und trocknen schneller aus als größere Kübel, müssen also oft gewässert werden. Man kann etwas dagegen tun, indem man in das Substrat wasserspeichernde Gelkugeln mischt, die sich vollsaugen und die Flüssigkeit nach und nach abgeben. Bei Hitze müssen die Körbe jedoch trotzdem alle ein, zwei Tage gegossen werden.

Doppelter Boden

Verdoppeln Sie Ihre Pflanzfläche mit einer zusätzlichen Etage am Rand Ihres Balkons oder Dachgartens. Niedrige Bänke und Obstkisten sind wie geschaffen dafür. Man kann in ihnen schattentolerante Pflanzen wie Salate, Petersilie oder Minze bodennah kultivieren, während darüber Sonnenanbeter wie Tomaten, Zucchini oder Busch-Bohnen wachsen. Dieselbe Funktion erfüllen leiterartige Topfstellagen oder Regale an der Wand.

Pflanzennahrung: Kompost & Dünger

Zu den großen Vorzügen des Balkongärtnerns gehört der geringe Materialaufwand: Einen Rasenmäher braucht man definitiv nicht. Trotzdem muss man sich ein paar grundlegende Utensilien anschaffen, bevor man seinen Balkon in einen Nutzgarten Eden verwandelt.

Welches Substrat?

Bevor man etwas pflanzt, braucht man zunächst einmal Erde – welche, hängt von den Gewächsen ab, die man anbauen möchte. Einjähriges Gemüse, Obst und Blumen sind mit torffreier Bio-Universalerde zufrieden, Kalkflieher wie Heidelbeeren verlangen Moorbeeterde, während langlebige Obstgehölze von der Einheitserde Typ T profitieren, die ihre Nährstoffe nur langsam abgibt. Sofern nichts anderes angegeben ist, kommen die hier behandelten Nutzpflanzen mit Universal- bzw. Blumenerde zurecht.

Muss ich die Erde ständig erneuern?

Zum Glück nicht. Das wäre nicht nur eine Schinderei, weil man ständig Säcke hochschleppen müsste, sondern obendrein alles andere als umweltfreundlich und auch ziemlich teuer.

Hungrige Pflanzen wie Tomaten, Kartoffeln, Paprika, Auberginen, Zucchini und Kürbisse verlangen frisches, nährstoffreiches Substrat, um zufriedenstellend zu gedeihen. Karotten, Erbsen, Bohnen, Blatt-Salate und Kräuter hingegen stellen keine so hohen Ansprüche. Wenn Sie nährstoffgierige Sorten in neues Substrat umsetzen, können Sie die alte Erde durchaus noch für asketischere Gewächse verwenden. Dazu brauchen Sie nur den Ballen mit den Fingern zu zerbröseln und möglichst viele alte Wurzeln herauszuholen. Die alten Pflanzenwurzeln wirft man auf den Komposter, während die verbliebene Erde im Gefäß um ein Drittel neuer Einheitserde und ein paar Kellen frischer Komposterde angereichert wird. Auch eine Handvoll Langzeitdünger bringt neuen Schwung in alte Erde ihrer Kübelpflanzen.

Wurm-Kur

Wurmkomposter sind nur rund 60 Zentimeter breit und damit ideal für Balkone. Sie leisten unschätzbare Dienste, denn die Würmer darin verarbeiten nicht nur Küchenreste, alte Wurzeln und Schnittabfälle, ihre hoch nährstoffreiche Komposterde peppt altes, ausgelaugtes Substrat auf und macht es für neue Einsätze in Töpfen wiederverwertbar. Würmer liefern zudem einen ausgesprochen nahrhaften Flüssigdünger für Ihre Pflanzen (mehr dazu auf S. 114).

Flüssignahrung und Fußdränage

Abgesehen von Pflanzen, Samen, Erde und Gefäßen sollte man sich noch ein paar andere Dinge für den Balkongarten zulegen. Die meisten Nutzpflanzen müssen angemessen genährt werden. Es gibt gute biologische NPK-Volldünger (8-3-3) im Handel. Auf dieselbe Weise lässt sich auch Tomatendünger verwenden. Eine Flasche sollte für die gesamte Anbausaison reichen und Ihre Pflanzen mit all dem versorgen, was sie brauchen.

Kräuter und Obstbäume profitieren von ein paar Handvoll Gartensand oder Kies, den man beim Einpflanzen in das Substrat mischt, um seine Wasserdurchlässigkeit zu erhöhen. Kaufen Sie ein, zwei Beutel als Vorrat. Legen Sie noch eine Pflanzkelle, eine Gartenschere, etwas Bindfaden und ein paar Bambusstöcke in den Einkaufskorb und Sie sind bestens gerüstet für die Anlage eines Obst- und Gemüsegartens auf Ihrem Balkon!

OLIO

Unkompliziert und schön

Viele von uns träumen davon, eigene Salate, Kräuter und Tomaten anzubauen, befürchten aber, weder genug Zeit noch Energie dafür zu haben. Was, wenn man von einem Wochenendausflug zurückkehrt und nur noch braune, vertrocknete Pflanzen vorfindet oder sich Mühe gibt und trotzdem weder Obst und Gemüse zur Reife bringt? Wer die passenden Arten und Sorten auswählt und ein paar einfache Anbautipps beachtet, kann durchaus einen florierenden Obst- und Gemüsegarten auf dem Balkon heranziehen, der kinderleicht zu pflegen ist. Sogar angelegt ist er im Nu: Schon an einem einzigen Wochenende verwandeln Sie graues Einerlei in eine blühende Balkonlandschaft.

Pflanzen statt Samen

Wer weder die Zeit noch den Platz hat, Pflanzen aus Samen zu ziehen, kauft sich in Gartencentern oder bei Gärtnereien Sämlinge und legt damit an einem einzigen Wochenende einen kompletten Balkongarten an. Wenn aus Katalogen oder von Webseiten bestellt wurde, kommen die Pflanzen per Post und können sogleich in die Erde gesteckt werden. Man hat vielleicht nicht dieselbe Auswahl wie bei Samen, doch das Angebot an Jungpflanzen wird von Jahr zu Jahr größer.

Scherben bringen Glück

Beim Bepflanzen von Gefäßen ist es üblich, eine Lage Tonscherben auf den Boden zu legen, um die Dränage in den Töpfen zu verbessern. Wer gerade keine Scherben von zerbrochenen Tontöpfen parat hat, kann sich auch mit zerkleinertem Styropor behelfen – ideal sind dafür die Formteile, in denen die Sämlingstöpfe in Gartencentern stecken. Das Material hat übrigens einen weiteren Vorteil: Es ist federleicht und damit perfekt für Balkongärten geeignet.

Große Gefäße müssen seltener gewässert werden als kleine Töpfe.

Bewässerungstipps mit Langzeiterfolg

Die Größe machts

Machen Sie sich bei der Auswahl von Gefäßen das Leben leicht, indem Sie Ihren Balkon nicht mit Unmengen winziger Töpfchen füllen, die austrocknen, kaum dass Sie ihnen den Rücken zugekehrt haben. Verwenden Sie stattdessen große Kübel aus leichten Materialien wie Kunststoff oder verzinktem Metall. Ideal sind Tröge, da sie Feuchtigkeit wesentlich besser speichern als runde Töpfe und sich überdies passgenau in den Ecken platzieren lassen, sodass sich beispielsweise Bohnen und Erbsen am Geländer hochziehen können. Alle Pflanzgefäße, die für die Obst- und Gemüsekultur auf Terrassen geeignet sind, leisten auch auf Balkonen hervorragende Dienste. Sie sind leicht, problemlos aufzustellen und in verschiedensten Farben bzw. mit dekorativen Übertöpfen erhältlich. Nicht vergessen darf man allerdings, dass die Behälter selbst zwar wenig wiegen, wassergetränkte Erde aber immer schwer ist. Man sollte einen Bauingenieur zurate ziehen, falls man sich nicht sicher ist, ob ein Balkon das Gewicht trägt.

Selbstbewässerung

Es ist nun einmal nicht zu ändern: Töpfe trocknen schneller aus als Gartenböden. Und wenn Sie in einem der oberen Stockwerke wohnen, macht der Wind alles nur noch schlimmer. Trotzdem gibt es ein paar Tricks, wie Sie das lästige Wässern etwas reduzieren können. So gibt es Töpfe mit eingebautem Reservoir, die man im Handel bekommt oder selbst bastelt (siehe S. 71). Sie versorgen sogar kurzzeitig durstige Gewächse wie Zucchini und Tomaten, bis sie wieder aufgefüllt werden müssen.

Zeitschaltuhren

Sie haben einen Wasserhahn in Balkonnähe? Dann leistet Ihnen ein automatisches Bewässerungssystem unschätzbare Dienste. Am einfachsten ist ein Timer mit Plastikschlauch, in dem sich Auslassöffnungen in frei wählbaren Abständen befinden. Verlegen Sie ihn so, dass diese Öffnungen das Wasser direkt in Ihre Töpfe sickern lassen. Wenn Sie die Zeitschaltuhr so einstellen, dass der Hahn jeden Tag fünf bis zehn Minuten läuft, sind Sie für Ihre Pflanzen schon fast überflüssig geworden.

Mulchen

Auch durch Mulchen kann man das häufige Gießen reduzieren. Wenn Sie beim Bepflanzen eines Gefäßes die Oberfläche der Topferde mit einer Schicht gut verrottetem Stallmist, Komposterde, Kies, Kieseln oder Rindenschnipseln abdecken, verdunstet weniger. Auch geschreddertes Papier, Zeitungen, Kunststofffolien und Grasschnitt tun ihren Dienst. Auf Balkonen oder in Dachgärten ist jedoch Kies die beste Lösung, weil er dekorativ aussieht und nicht vom Wind fortgeweht wird. Zu einem idealen Start verhilft man den Pflanzen, wenn man sie noch vor dem Auftragen des Mulchs gut wässert.

Gegelte Erde

Noch ein Tipp, wie Sie das häufige Gießen reduzieren: Beim Bepflanzen kleinerer Gefäße wie Hängekörbe kann man eine Handvoll wasserspeichernder Gelkugeln in das Substrat mischen. Sie saugen sich mit Wasser voll und geben es nach und nach wieder an die Erde um sie herum ab.

Die besten Zehn

Wenn Sie weder die Zeit noch das Know-how haben, sich groß um die Kultur schmackhafter Gartengenüsse zu kümmern, dann sind die hier vorgeschlagenen Top Ten der Obst- und Gemüsepflanzen ein idealer Einstieg. Die Pflanzen brauchen relativ wenig Pflege, ihre Früchte schmecken aber um Längen besser als handelsübliche Ware. Man kann sie durch Aussaat heranziehen oder es sich ganz einfach machen und Sämlinge aus dem Gartencenter bzw. von Online-Versendern kaufen. Sie werden direkt an ihren endgültigen Standort gepflanzt und dürfen dort frohgemut wachsen und gedeihen.

Tomaten

Selbst wenn Sie noch so viel zu tun haben – für den Anbau von Tomaten hat man auf jeden Fall Zeit! Sie gehören einfach zum Sommer. Ziehen Sie einen Topf Basilikum gleich daneben, dann können Sie ein Blatt davon abzupfen, eine saftige Kirsch-Tomate der Sorte 'Sungold' darin einwickeln und beides ohne Umwege in den Mund stecken. Mit einer violetten 'Black Krim' oder einer gestreiften 'Tigerella' wiederum machen Sie bei Besuchern mächtig Eindruck.

Tomaten bekommt man in den verschiedensten Formen und Größen – angefangen von winzigen, himmlisch süßen Kirsch-Tomaten bis hin zu stattlichen italienischen Fleischtomaten. Die Pflänzchen werden im Frühsommer gekauft und direkt an ihren endgültigen Standort gesetzt. Eine andere Möglichkeit ist die Aussaat ab Februar etwa 5 mm tief in 9-cm-Töpfe auf einer sonnigen Fensterbank. Drehen Sie die Gefäße regelmäßig, damit die Triebe nicht einseitig zum Licht wachsen. Nachdem keine Spätfröste mehr zu erwarten sind, weist man ihnen einen sonnigen, windgeschützten Platz zu – sie benötigen viel Wärme, um ganz auszureifen. Ab der Blüte brauchen sie eine kalireiche Nährstoffkur, etwa in Form eines flüssigen Tomatendüngers.

Drei tolle Typen

Die vielen Tomatensorten werden zu drei Typen zusammengefasst, die alle ihre eigenen Kulturansprüche haben. Wofür man sich entscheidet, hängt von dem Gefäß ab, in dem man das Gemüse ziehen will.

Busch-Tomaten brauchen keine Stütze und werden nur etwa 30 cm hoch – gerade genug für einen großen Fensterkasten oder einen Kübel. Ein 30-cm-Topf reicht für einen Busch, während in einen Kasten zwei Pflanzen passen sollten. Der Vorteil von Busch-Tomaten: Man braucht sie nicht anzubinden und keine Seitentriebe abzuzwicken. Der Nachteil: Sie reifen alle gleichzeitig. Empfehlenswert sind 'Red Alert' und 'Maskotka' oder 'Principe Borghese' mit kleinen pflaumenförmigen Früchten.

Hängeformen wachsen über den Rand von Gefäßen und sind daher in Blumenampeln am besten aufgehoben. Gute Sorten sind 'Gartenperle' oder 'Tumbling Tom Red'.

Stab-Tomaten werden hoch, brauchen eine Stütze und werden im großen Topf oder Pflanzsack gezogen. Ihre Früchte reifen den ganzen Sommer bis in den Herbst hinein, sodass man selbst bei beengten Verhältnissen eine reiche Ernte einfahren kann.

Zu den empfehlenswerten Sorten zählen die süße, orangefarbene 'Sungold', die klassische rote 'Gardener's Delight', sowie 'Ferline' und die violette 'Black Krim'.

In einen 30-cm-Topf passen bis zu vier Stab-Tomaten, die an einem Stangenzelt aus Bambusstäben gezogen werden. Seitentriebe in den Blattachseln zwickt man ab. Im Spätsommer schneidet man die Spitze der Pflanze über einem Blatt ab, sonst wächst sie immer weiter und bildet Tomaten, die nicht mehr ausreifen können.

Tipp

Wenn Sie Tomaten in Pflanzsäcken ziehen, schneiden Sie nicht die ganze obere Seite ab. Ritzen Sie stattdessen drei Kreuze in das Plastik und falten Sie die Ecken nach unten und innen. In die entstehenden Löcher werden die Gewächse gepflanzt. Da viel Substrat vom Plastik bedeckt bleibt, verdunstet weniger Wasser.

Frühe und mittelfrühe Sorten wie 'Anya' eignen sich am besten für die Topfkultur.

Kartoffeln

Es hat schon etwas für sich, einen Eimer Erde auf dem Boden auszuleeren und ein paar frische Kartoffeln herauszuholen, um sie zu kochen und mit geschmolzener Butter sowie selbst gezogenen Minzeblättchen zu genießen. In Freilandgärten fallen Schnecken und andere Schädlinge über die Knollen her, doch hoch droben in einem Kasten, Kübel oder Pflanzsack sind sie vor Nachstellungen sicher. Meist haben sie auch keine Macken, sondern müssen einfach nur unter dem Wasserhahn gewaschen werden.

Selbst ihre Blätter leisten gute Dienste. Sie begeistern im Frühjahr mit ihrer grünen Farbe und verwandeln Balkone im Nu in einen üppigen Dschungel. Ziehen Sie frühe oder mittelfrühe Sorten wie 'Christa', 'Exempla', 'Agria' oder 'Nicola'. Der geschmackliche Unterschied zu Supermarktware ist unverkennbar!

Projekt

KNOLLEN AUS DEM KÜBEL

Pflanzzeit: Mitte Frühling

Sie brauchen:

- 1 Gefäß mit mindestens 30 cm Durchmesser, etwa ein großer Plastikeimer, -topf oder -sack (undurchsichtig). Sehr tiefe Töpfe sind nicht ideal, da die Pflanzen Sonne für die Entwicklung der Knollen brauchen. In einem Pflanzsack schlägt man die Seiten anfangs bis zur Substratoberfläche hinunter und rollt sie mit dem Aufhäufeln nach und nach hoch. So bekommen die Pflanzen immer reichlich Sonne ab.
- Topfscherben oder Styroporbruch
- Universalerde
- Saatkartoffeln (in einen 30-cm-Topf passen zwei Kartoffeln; je größer das Gefäß, desto mehr Knollen haben Platz)

Und so geht's:

Zunächst Abzugslöcher bohren, falls das Gefäß noch keine hat. Dann auf den Grund eine Lage Topfscherben legen und darüber eine 20 cm hohe Schicht Erde geben. Kartoffeln mit den Trieben nach oben darauflegen und noch einmal 20 cm Substrat hineinstreuen. Gut wässern. Bei Frostgefahr mit Zeitungspapier als Schutz abdecken.

Erde feucht halten. Nach einigen Wochen sollten die ersten Triebe aus der Erde spitzen. Sobald sie rund 10 cm hoch sind, mit Erde bedecken. Das Ganze so lange wiederholen, bis der obere Rand des Gefäßes erreicht ist. Dann weiter gut wässern und alle 14 Tage einen Tomatendünger verabreichen. Wenn die Kartoffeln blühen, ist das ein Zeichen, dass die Knollen reif sind. Als Reifetest legt man erst probehalber ein Exemplar frei, bevor man alle herausholt. Je nach Sorte reifen sie zu unterschiedlichen Zeiten: Frühreife Sorten sind nach zehn, mittelfrühe nach etwa 13 Wochen so weit.

Busch-Bohnen

Ein Stangenzelt mit kletternden Busch-Bohnen, die ihre hübschen violetten oder weißen Blüten, herzförmigen Blätter und windenden Triebe zur Schau stellen, ziert jeden Balkon. Genauso gut aber kann man die Pflanzen am Geländer ziehen, sodass sie als Sichtschutz oder grüne Dschungelkulisse gute Dienste leisten.

Busch-Bohnen tragen reichlich, besonders die kletternden Sorten. Am köstlichsten schmecken sie, wenn sie so frisch sind, dass man sie auseinanderbrechen kann. Mit einem Gefäß kommen sie gut zurecht, sofern man ihnen einen sonnigen, geschützten Standort zuweist und den Wurzeln mindestens 20 cm Platz nach unten lässt. Man zieht entweder Zwergsorten, für die man keine Stütze oder höchstens ein paar kurze Zweige braucht, oder entscheidet sich für kletternde Formen, die sich an Stangenzelten, Klettergerüsten und Balkongeländern festhalten.

Ausgesät wird ab dem späten Frühjahr rund 5 cm tief. Falls Sie genug Platz haben, reservieren Sie mindestens zwei Töpfe für Busch-Bohnen – den zweiten besät man, sobald die Sämlinge ihre ersten pflanzentypischen Blätter bilden. Genauso gut aber kann man ab dem Spätsommer alle 14 Tage eine Handvoll frisch aussäen, sodass man bis zur Herbstmitte kontinuierlich mit Bohnen versorgt wird. Die Bohnen werden entweder in kleinen Töpfen in der Wohnung vorgezogen und mit etwa 10 cm Höhe nach draußen umgesiedelt oder direkt in größere Gefäße auf dem Balkon ausgesät. Ein Mix aus grünen, violetten und gelben Sorten sieht fabelhaft aus. Gute Klettersorten sind 'Blue Lake', 'Cobra', die gelbe 'Neckargold' sowie die violette 'Blauhilde'. Empfehlenswerte Zwergsorten: 'Safari', 'Purple Teepee' (violett) und 'Rocquencourt' (gelb).

Säen Sie Zwerg-Busch-Bohnen in rund 15 cm und Kletterformen in etwa 10 cm Abstand an den Fuß einer Stütze. Sie brauchen einen warmen, geschützten Standort und müssen ab Blühbeginn gut gewässert sowie wöchentlich mit einem kalireichen Flüssigdünger genährt werden. Anfangs können Schnecken ein Problem sein, später Blattläuse, die man mit einem Wasserstrahl wegspritzt oder mit einer biologischen Seifenlösung bekämpft. Geerntet wird, sobald die Samen die Hülsen seitlich ausbeulen. Regelmäßiges Abernten erhöht den Ertrag.

Durch regelmäßiges Ernten animiert man die Pflanze zum Austrieb immer neuer Hülsen.

Salate für jede Jahreszeit

Blatt-Salate, auch Pflück-Salate genannt, lassen sich von allen Nutzpflanzen vermutlich am leichtesten auf Balkonen ziehen. Selbst ein winziges Eckchen reicht schon, um ihre Besitzer den ganzen Sommer über mit frischem, knackigem Grün zu beliefern. Salatpflanzen sind wie gemacht für Gefäße: Sie wurzeln flach und haben daher keine Probleme mit beengten Verhältnissen. Sie wachsen rasch, sodass man mehrmals im Jahr ernten kann. Zudem sind sie in den verschiedensten Farben und Blattstrukturen erhältlich und stehen daher blütenreichen Schönlingen in nichts nach. Es macht zweifelsohne viel Freude, schnell ein paar frische Blätter abzuzupfen und in ein Sandwich zu legen oder einen Salat daraus zu zaubern. Und um Schnecken, die Feinde jedes Blatt-Salats, braucht man sich hoch droben keine Sorgen zu machen.

Nur weil der Sommer zu Ende geht, muss man noch lange nicht auf Blatt-Salate verzichten: Es gibt jede Menge Sorten, die den Winter im Freien aushalten. Im Sommer allerdings steht und fällt der Erfolg von Blatt-Salaten in kleinen Töpfen mit dem Einsatz der Gießkanne, denn unter Stress schossen sie, beginnen also zu blühen und bitter zu werden. Vor allem in Blumenampeln und Fensterkästen trocknen sie im Nu aus.

Wer seine Blatt-Salate ausreifen lassen will, braucht für etwa fünf Köpfe einen 30-cm-Topf. Eichblatt- und Lollo-Salate mit offenem Wuchs eignen sich besonders gut für die Gefäßkultur, denn sie quellen mit ihren krausen Blättern förmlich über den Rand. Gut kombinieren lässt sich etwa burgunderroter Lollo Rosso, grüner Lollo Bianco und Eichblatt-Salat mit seinen hübschen gelappten Blättern. Romana-Salate wie 'Little Gem', 'Pinokkio' oder 'Attico' bieten sich mit ihrem aufrechten Wuchs für Fensterkästen oder Töpfe an und schmecken zudem köstlich.

Wer Salate ernten will, sät sie am besten in kleine Töpfe (in der ersten Frühjahrshälfte unter Glas, später dann draußen) und siedelt sie um, sobald sie sechs Blättchen tragen. Beim Ernten der Blatt-Salate schneidet man die äußeren Blätter ringförmig ab und lässt die Mitte intakt. So wachsen immer neue Blätter nach und liefern wochenlang frische Genüsse.

Für kleine Töpfe sind ferner Babyblatt-Salate (Baby-Leaf) ideal, denn man kann sie ganz eng beieinander ziehen und bis zu dreimal ernten, bevor sie neu ausgesät werden müssen. Baby-Salate sind nichts weiter als normale Blatt-Salate, die man dicht aussät und erntet, solange die Blätter noch klein sind. Dazu streut man einfach eine Samenmischung auf das Substrat, deckt sie leicht mit Erde ab und wässert gut. Sobald die Sämlinge erscheinen, dünnt man sie auf 5 cm aus. Geerntet wird, wenn das Laub so groß ist, dass es genussreif erscheint. Zupfen Sie alle Blätter mit Ausnahme der frischesten und kleinsten ab. Die Pflänzchen treiben mehrmals neu aus.

Winter-Salate

Mizuna heißt ein gezähnter asiatischer Blatt-Salat, dem selbst Frost nichts anhaben kann. Man sät ihn im Spätsommer, um vom Spätherbst bis zum späten Frühjahr ernten zu können. Jung schmeckt das Laub eher wie Rucola, während sich ältere Blätter gut als Zutat für Pfannengerichte eignen. Mibuna ist ähnlich, hat aber schwächer gezähnte Blätter.

GUTE BLATT-SALATE FÜR DIE AUSSAAT

Frühjahr bis Hochsommer

- Eichblatt-Salat, rot und grün
- Lollo Bianco
- Lollo Rosso
- Romana-Salat wie 'Little Gem', 'Pinokkio' und 'Attico'
- Binde-Salat
- Cocarde (Pflück-Salat)

Hochsommer bis Herbstmitte

- 'Red Sails'
- 'Merveille des Quatre Saisons'
- 'Tantan'
- 'Winter Density'
- 'Fristina'
- 'Eiskönigin'

Brauner Senf ist der ideale Winter-Salat, denn er verträgt strengen Frost, sieht in Töpfen lebhaft aus und macht auch als Bestandteil von Salaten eine gute Figur. Man erntet ihn am besten jung, denn große Blätter schmecken scharf pfefferig. Sollte man doch Riesenblätter bekommen, schneidet man sie in dünne Streifen und verwertet sie in einem feurigen thailändischen Rindfleisch-Salat oder brät sie in der Pfanne an, um ihnen ihre Schärfe zu nehmen. 'Red Giant' und 'Red Frills' bereichern Topfpflanzungen im Winter und Frühjahr um eine einnehmende burgunderrote Färbung, während 'Golden Streaks' durch zarte, fiedrige Blätter überzeugt, die jung geerntet fast wie neue Kartoffeln schmecken. Für die Winter- und Frühjahrsernte wird im Spätsommer ausgesät.

Winterportulak treibt milde, saftige Triebe und Blätter sowie hübsche, kleine weiße Sternblüten aus und verleiht Winter- wie Frühjahrs-Salaten Biss. Man sät die winzigen Samen im Spätsommer so dünn wie möglich aus. Winterportulak sät sich auch selbst aus.

Top im Topf: Knackig wie Salat

Natürlich eignen sich nicht nur Blatt-Salate für Salat und Salat-Beilagen. Wenn Sie Eigenes heranziehen, tut sich eine ganze Welt aus köstlich-knackigen Alternativen auf.

Radieschen sind so kinderleicht zu ziehen, dass es eine Schande wäre, würden sie nicht auf Ihrem Balkon wachsen. Den Weg vom Samenkorn zum Teller schaffen sie in rund einem Monat. Wenn Sie alle paar Wochen eine Prise aussäen, haben Sie den ganzen Sommer lang eine pfiffige Zutat für Ihre Salate. 'Cherry Belle' ist eine rote, runde Traditionssorte, während die hübsche, lange Form 'French Breakfast' durch ihre weiße Spitze ins Auge fällt und sich vor allem zum Schneiden in Scheiben eignet. 'Bright Lights' liefert mehrfarbige Radieschen in Gelb, Violett und Rot.

Ausgesät wird rund 1 cm tief in 3 cm Abstand in ein x-beliebiges Gefäß, ob Fensterkasten oder Hängekorb. Auch ein größerer Kübel darf es für die knackigen Salatpflänzchen sein.

Rucola ist ein Muss in jeder Küche. Wenn man ihn selbst kultiviert, kann man die pfefferigen Blätter im Prinzip ganzjährig ernten. Er wird am besten dünn ins endgültige Gefäß ausgesät; die Körnchen deckt man dünn mit Erde ab. Die Wilde Rauke mit ihren gesägten, schwertartigen Blättern sollte von April bis August gesät werden, während die Salatrauke milder schmeckt und hart genug ist, um den Winter draußen zu überstehen, falls sie vom Hochsommer bis zur Herbstmitte ausgesät wurde. Beide Typen wachsen in der Sonne oder im Halbschatten und haben keinerlei Probleme mit der Topfkultur, wenngleich die Wilde Rauke in flachen Gefäßen wie Hängekörben nicht allzu glücklich ist. Man muss gut wässern, sonst schossen die Pflanzen. Schnellwachsenden Rucola zwickt man über dem kleinsten neuen Blatt ab, dann treibt er mehrmals wieder aus, bevor endgültig frisch ausgesät werden muss.

Spinat ist eine herrlich vielseitige Nutzpflanze für Töpfe. Man kann die Blätter entweder roh in Salaten verwerten oder dämpfen, sofern sie schon etwas älter sind. In kleinen Gefäßen erntet man sie aber am besten als Babyblätter. Ausgesät wird dünn und 3 cm tief im Frühjahr und, falls man ganzjährig ernten will, noch einmal im Herbst. Die jungen Pflanzen dünnen Sie auf 7 cm Abstand aus.

Im Sommer gedeiht Spinat am besten im Schatten, während er im Winter so viel Sonne wie möglich braucht. Man wässert ihn gut, denn Trockenheit mag er überhaupt nicht. Geerntet werden die äußeren Blätter. Zu den besten Sorten gehört 'Bordeaux' mit violetten Stielen.

Mangold ist, wenn er jung geerntet und roh gegessen wird, eine gute Salatalternative zu Spinat. Man unterscheidet zwei Typen. Stiel-Mangold zeichnet sich durch auffallend gefärbte Stiele aus. Empfehlenswerte Sorten sind 'Bright Lights' und 'Rainbow'. Gesät und kultiviert wird er wie Spinat. Blatt-Mangold ist die ideale Einsteigerpflanze, da er monatelang ununterbrochen Blätter liefert. Versuchen Sie es mit der Sorte 'Lucullus'.

Schild-Ampfer bereichert Salate um eine köstliche Zitrusnote. Er wird vom Frühjahr bis zum Hochsommer direkt in Fensterkästen, Hängekörbe oder Töpfe ausgesät. Sämlinge dünnt man auf rund 5 cm Abstand aus.

Feldsalat ist mit seinen milden Blattrosetten eine Bereicherung des Speiseplans in den kalten Monaten. Herbstaussaaten können im zeitigen Frühjahr geerntet werden. Man sät Feldsalat vom Herbst bis zum Frühjahr relativ dünn 1 cm tief in Töpfe oder Fensterkästen aus. Sämlinge werden auf 10 cm Abstand ausgedünnt.

Erbsensprossen sind eine herrlich saftige Bereicherung Ihrer Salatmischungen und zeichnen sich durch einen unverkennbaren Erbsengeschmack aus. Wenn man Erbsen nur als Sprossen zieht, sät man die Samen wie für normale Erbsen (siehe S. 88), aber dichter, d. h. in 1 cm Abstand. Am preiswertesten ist ein Päckchen getrockneter grüner Erbsen aus dem Supermarkt. Man sollte jede Pflanze zwei- bis dreimal beernten können.

Sonnenblumensprossen haben einen nussigen Geschmack und sind in weniger als einer Woche erntereif. Man kauft ein Päckchen getrockneter Samen und sät sie dick in 5 mm Tiefe aus. Die Sämlinge werden geerntet, sobald sie 1 cm hoch sind und bevor sie ihr zweites, ziemlich bitteres Blattbündel austreiben. Man sät Sonnenblumensprossen von Mitte Frühling bis Mitte Herbst draußen aus, den Rest des Jahres hingegen drinnen auf einer sonnigen Fensterbank.

Erdbeeren

Wir alle haben schon einmal enttäuschte Gesichter gemacht, als wir freudig Erdbeeren aus dem Supermarkt kauften, nur um festzustellen, dass sie geschmacklos, hart und sauer waren – und über Nacht zu einer schimmeligen, grauen Masse mutierten. Warum schmecken sie nicht mehr so, wie wir sie von früher kennen, werden Sie sich verzweifelt gefragt haben. Bauen Sie Ihre Beeren einfach selbst an und sie werden wieder so köstlich süß wie einst sein – und Ihren Balkon obendrein mit dem typischen Duft des Sommers füllen. Genießen Sie den Augenblick morgens vor der Arbeit, wenn Sie über den Balkon schlendern und eine der verlockenden Früchte in den Mund stecken oder Ihren Fruchtsaft und das Müsli damit aufpeppen.

Wer Erdbeeren selbst kultiviert, kommt in den Genuss köstlicher Sorten wie 'Mara des Bois', eine Art Riesen-Wald-Erdbeere mit himmlischem Geschmack, die spitz zulaufende französische Klassikerin 'Gariguette' oder 'Cambridge Favourite' und 'Florence'. Spaß macht es auch, ein paar echte Wald-Erdbeeren dazwischenzuschmuggeln. Oder soll es etwas ganz anderes sein – vielleicht eine weiße Sorte?

Erdbeeren gedeihen problemlos in Blumenampeln und anderen kleinen Gefäßen, denn sie wurzeln relativ flach. Allerdings müssen sie mit einem kalireichen Präparat wie Tomatendünger bei Laune gehalten werden. Mit ihren buttergelben und weißen Blüten sowie den über die Topfränder hängenden Früchten sind sie zudem außerordentlich zierend. Man kann sie auch als Unterpflanzung für Obstbäume oder andere große Gewächse nutzen. Selbst in Schuhorganisierern fühlen sie sich wohl.

Erdbeeren können mehrmals im Jahr gepflanzt werden. Im Spätsommer oder Frühherbst sind sie als spinnenartige, wurzelnackte Exemplare zu haben, die, sogleich gepflanzt, im darauffolgenden Sommer fruchten. Im Frühjahr bekommt man Ableger, die vom Züchter bewusst einer Kälteperiode ausgesetzt wurden, damit sie schneller fruchten. Zudem werden im Frühjahr und den ganzen Sommer hindurch eingetopfte Exemplare in Gartencentern oder im Versandhandel angeboten.

Beim Einpflanzen von Erdbeeren, ob wurzelnackt oder eingetopft, muss das Herz (im Zentrum der Pflanze, aus dem die neuen Blätter austreiben) über der Erde stehen – ist es bedeckt, fault es; steht es zu hoch, trocknet es aus.

In Blumenampeln oder kleinen Töpfen halten Erdbeeren mehrere Jahre aus, bevor sie ersetzt werden müssen. Neue Pflanzen braucht man sich jedoch nicht anzuschaffen – es reicht, Ableger an die Erde zu klammern, bis sie einwurzeln und sie dann von der Mutterpflanze zu trennen. Ableger, die man nicht benötigt, werden nah an der Mutterpflanze abgeschnitten. Wenn zum Sommerende die Blätter gelb werden, schneidet man Erdbeeren bis auf etwa 10 cm über dem Herz zurück. Lediglich Monats-Erdbeeren wie 'Mara des Bois' lässt man unangetastet.

Tipp

Der klassische Erdbeertopf kommt in einer Ecke bestens zur Geltung. Er bietet Platz für bis zu zwölf Pflanzen. Allerdings müssen Sie dann dafür sorgen, dass auch die untersten Erdbeeren genug Wasser abbekommen. Am einfachsten geht das mit einem Plastikrohr, das so lang wie der Topf hoch ist. Man bohrt auf der gesamten Länge mehrere Löcher hinein, steckt das Rohr beim Befüllen des Gefäßes in die Topfmitte, wobei man darauf achtet, dass das Rohr selbst nicht mit Substrat verstopft wird, und füllt es zum Schluss mit Kies. Wenn Sie Wasser in das Rohr gießen, sickert es am unteren Ende langsam in die Erde und versorgt auch die Pflänzchen auf den billigen Plätzen.

Wenn Sie Erdbeeren genießen möchten, die wie früher schmecken, gibt es nur einen Weg: Sie müssen sie selbst ziehen.

Kräuter

Kaum eine andere Gruppe von Nutzpflanzen leistet Balkongärtnern so gute Dienste wie Kräuter. Mit geringem Aufwand wird man zum Selbstversorger in Sachen Petersilie, Rosmarin, Lorbeer, Thymian, Schnittlauch, Minze, Koriander, Salbei, Estragon und Basilikum. Sogar eher ungewöhnlichere Küchengewürze wie Zitronenverbene, Thai-Basilikum und Kerbel können Sie auf einem Balkon in Griffweite ziehen. Da man in der Regel immer nur ein paar Blätter braucht, genügen schon wenige Exemplare für eine ausreichende Versorgung. Und falls das noch immer nicht als Argument für einen Stammplatz auf dem Balkon reicht: Die vielfältigen Düfte, Farben und Formen überzeugen letzte Zweifler.

Scheuen Sie sich nicht, Kräuter optisch gut dastehen zu lassen, indem Sie beispielsweise violetten und grünen Salbei kombinieren. Wie wäre es außerdem mit einem gemischten Ensemble aus der hell panaschierten Thymiansorte 'Silver Queen' und dem zarten, besonders fein duftenden ZitronenThymian? Ein hervorragendes Team geben Krause und Glatte Petersilie ab; das gilt auch für Ampfer mit glänzenden grünen Blättern und violetten Mittelrippen in Begleitung von violettem und grünem Basilikum. Kräuter gehören zu den hübschesten Nutzpflanzen, sofern man sie mit etwas Fantasie zusammenstellt.

Auch die Einsatzmöglichkeiten sind schier unendlich, ob man nun Minze für Tees oder Zaziki verwertet, aus Basilikum eine köstliche Pestosauce zaubert, Lorbeerblätter in Eintöpfen und Suppen einsetzt oder mit Rosmarin Lammbraten und Kartoffeln würzt.

Nachfolgend werden einige der unkompliziertesten Kräuter beschrieben. Wer sie als Pflänzchen kauft und in die Erde steckt, hat im Handumdrehen einen Kräutergarten. Mit Ausnahme von Petersilie, Koriander und Minze bevorzugen alle warme Standorte, denn ihre Heimat ist der trockene, heiße Mittelmeerraum.

Rosmarin

Kaufen Sie Jungpflanzen im Frühjahr und weisen Sie ihnen einen Topf mit mindestens 20 cm Durchmesser zu, da Rosmarin mit der Zeit recht groß werden kann. Empfehlenswert sind aufrechte Sorten wie 'Miss Jessopp's Upright' oder eine niederliegende Form (*Rosmarinus officinalis*-Prostratus-Gruppe). Besonders gut kommen sie zur Geltung, wenn sie über die Seiten eines großen Gefäßes wachsen. Auf diese Weise machen sie außerdem Platz für andere Kräuter im selben Topf. Wichtig sind ausreichend große Abzugslöcher. Füllen Sie das Gefäß mit Einheitserde, in die Sie eine Handvoll Kies oder Sand mischen, denn Rosmarin verträgt keine staunassen Böden. Stellen Sie es an einen sonnigen Platz und wässern Sie nicht zu viel. Nach der Blüte ist Rosmarin für einen flüssigen Volldünger alle drei Wochen dankbar.

Geerntet wird, indem man die Zweige bis auf eine Knospe zurückschneidet, statt einzelne Blätter abzuzupfen. Rosmarin eignet sich vorzüglich für eine Röstpfanne mit neuen Kartoffeln und Knoblauch, gibt aber auch eine kleine nützliche Wind- und Sichtschutzhecke ab.

Thymian

Töpfe mit blühendem Thymian locken den ganzen Sommer über Bienen an. Das Kraut ist nicht nur in der Küche unverzichtbar, sondern mit seinem ganzjährig hübschen Aussehen und dem umwerfenden Duft auch auf dem Balkon ein Muss. Man holt sich im Frühjahr Jungpflanzen und setzt sie in Fensterkästen oder Hängekörbe, die mit Einheitserde und etwas Sand oder Kies gefüllt sind. Besonders schön sind der Echte Thymian *(Thymus vulgaris)* mit der panaschierten Sorte 'Silver Queen' sowie der duftende Zitronen-Thymian. Man stellt sie an einen sonnigen Platz, wässert zurückhaltend und düngt etwa einmal im Monat. Nach der Blüte sollte man die Triebe stutzen, damit die Pflanzen nicht zu langtriebig werden. Die Zweiglein können jederzeit abgebrochen werden, falls man sie für Suppen, Aufläufe oder Marinaden braucht. Überschüssiges Erntegut kann bei schwacher Hitze getrocknet und in einem luftdichten Behälter gelagert werden.

Petersilie

Sie kann drinnen ab der Frühjahrsmitte in kleine Töpfe ausgesät werden (dazu Samen mit Vermiculit abdecken). Wesentlich einfacher aber ist der Kauf von Pflänzchen – zwei oder drei reichen normalerweise aus. Krause Petersilie ist okay, wer jedoch Wert auf optimalen Geschmack legt, holt sich die Ausführung mit glattem Laub. Gepflanzt wird in Töpfe mit Einheitserde; als Standort wählt man Halbschatten, doch verträgt Petersilie sogar Vollschatten und kann draußen

FILIPPO
BERIO
FILIPPO
BERIO
Extra Virgin
Olive Oil

überwintern. Sie ist zweijährig, blüht also im zweiten Jahr, weshalb man sie jährlich neu kauft oder aussät. Geerntet werden kann das ganze Jahr über. Überschüssiges Erntegut kann man klein hacken und in Eiswürfelbehältern einfrieren oder zu Kräuterbutter verarbeiten.

Minze

Minze sollte auf keinem Balkon fehlen. Als Zutat für Getränke, von Mojito (siehe S. 133) bis Tee, zum Würzen neuer Kartoffeln oder frisch gehackt auf Erdbeeren ist sie einfach unschlagbar.

Neue Pflanzen schafft man sich am besten im Frühjahr an. Das einzige Problem dabei ist die riesige Auswahl. Nichts falsch machen kann man mit Pfefferminze – als Zutat in Getränken und Tees gibt es nichts Besseres. Wer das Besondere mag, zieht Marokkanische Minze, die sich ebenfalls hervorragend für Tee eignet, Schwarze Pfefferminze, die am intensivsten duftet, oder auch Schokoladen-Minze, Orangen-Minze, Ananas-Minze und, und, und ...

Leider benimmt sich Minze schrecklich daneben und erobert jeden Platz in kürzester Zeit. Möchten Sie die Minze mit anderen Pflanzen mischen, wird sie in einen Topf mit abgeschnittenem Boden gesetzt und dieser in ein großes Gefäß versenkt, sodass der Rand etwas über die Substratfläche hinausragt. Ideal ist ein halbschattiger Standort, doch kommt Minze auch mit vollem Schatten zurecht.

Basilikum

Basilikum ist ein Kraut, das man auf dem Balkon in rauen Mengen anbauen sollte, denn eine Pflanze ist schnell abgeerntet. Eine Handvoll Blätter kann ein paar Tomatenscheiben in einen vorzüglichen Salat verwandeln und ergibt, mit Knoblauch und Pinienkernen zerdrückt, ein köstliches Pesto.

Mit etwa drei Töpfen sind Sie gut bedient. Säen Sie Basilikum ab März drinnen auf einer sonnigen Fensterbank rund 5 mm tief in 10-cm-Töpfe – acht Körnchen pro Topf reichen. Später wird auf vier Sämlinge pro Gefäß ausgedünnt. Ist die Frostgefahr vorüber, siedelt man die Pflänzchen in größere Töpfe oder einen Fensterkasten an einen sonnigen Standort um. Sobald sie 5 cm hoch sind, zwickt man ihre Triebspitzen ab, um sie zu buschigem Wuchs anzuregen.

Eine andere Möglichkeit ist, Pflanzen im späten Frühjahr zu kaufen und gleich nach draußen zu stellen. Als Klassiker gilt 'Sweet Genovese' mit üppigem, aromatischem Laub. Violettes Basilikum ist nicht ganz so robust, sieht aber gut aus und schmeckt nach Anis. Thai-Basilikum, auch Horapa genannt, hat dekorative violette Triebe und bringt einen südasiatischen Einschlag in Gerichte. Afrikanisches Basilikum ist ebenfalls einen Versuch wert – die robuste Pflanze mit grünen Blättern sowie violetten Trieben und hellvioletten Blüten lockt im Spätsommer Bienen an. Ihr großer Vorteil: Sie wächst mehrjährig, sofern man sie im Spätherbst nach drinnen bringt.

Koriander

Kaufen Sie Koriander im Frühjahr als Pflänzchen oder säen Sie ihn vom Frühjahr bis zum Frühherbst sukzessive im Abstand von mehreren Wochen aus, da das Kraut nach dem Ernten nicht mehr nachwächst. Die Aussaat erfolgt wie bei Basilikum, doch zwickt man die Triebspitzen nicht ab und reichert das Substrat mit Kies oder Sand an. Ideal ist Sonne, aber auch Halbschatten wird vertragen.

Das Kraut eignet sich für Salate, Suppen, Currys und vor allem asiatische Speisen.

Schnittlauch

Die Horste aus röhrenförmigen Stängeln sind nicht nur als Zutat von Fisch und Salaten (himmlisch: Kartoffelsalat mit Schnittlauch) von unschätzbarem Wert, sie sehen auch gut aus. Vor allem, wenn sie ihre ebenfalls essbaren, violetten, kugeligen Blüten tragen.

Man kauft Schnittlauch entweder im späten Frühjahr als Pflänzchen oder sät ihn ab dem zeitigen Frühjahr drinnen in 5 mm Tiefe mit 10 cm Abstand auf einer sonnigen Fensterbank aus. Ab Mitte Mai siedelt man ihn nach draußen um. Er gibt sich mit jedem beliebigen Gefäß und Standort zufrieden. Geerntet wird, indem man die Blätter etwa 3 cm über der Basis abschneidet.

Schnittlauch lässt sich auch im Winter nutzen, indem man einen Teil ausgräbt, eintopft und nach drinnen bringt. Freilandexemplare ziehen im Winter ein, treiben aber im Frühjahr neu aus. Im späten Frühjahr werden Horste geteilt und neu eingepflanzt. Zu viel Erntegut kann man klein hacken und einfrieren oder zu Kräuterbutter verarbeiten. Dann hat man auch über den Winter ein aromatisches Gewürz für diverse Gerichte.

Salbei
Optisch findet der nützliche, immergrüne Salbei viel zu wenig Anerkennung. Violettlaubige Sorten sind jedoch ein Hingucker, besonders wenn man sie zwischen andere grüne Kräuter oder als Kontrast zu ihren grünen Verwandten pflanzt. Aber Vorsicht: Sie vertragen nicht so starken Frost wie die grüne Art und sind auch nicht so wüchsig, weshalb sie leicht verdrängt werden. Dennoch überstehen sie den Winter ohne Schutz, sofern es nicht außergewöhnlich nass und kalt wird. Zudem bietet violetter Salbei in den grauen Monaten einen willkommenen Farbtupfer auf dem Balkon.

Eine Pflanze reicht zumeist, weil Salbei ziemlich groß werden kann. Jungpflänzchen werden im Frühjahr in Einheitserde mit etwas Sand oder Kies gesetzt. Das Kraut braucht einen sonnigen Standort. Blätter zupft man bei Bedarf ab.

Lorbeer
Lorbeer-Hochstämmchen werden vielleicht ein bisschen zu häufig als Dekor gebraucht – vor allem als Türwächter vor italienischen Restaurants in aller Welt. Aber sie sehen nun einmal gut aus, warum also sollten Sie sich davon beirren lassen? Man kauft Lorbeer entweder als fertig erzogenes Exemplar oder gibt das Geld stattdessen für einen wirklich guten Terrakottatopf aus und ersteht eine preiswerte kleine Pflanze. Sie wird zu einem Hochstamm mit Kugelkrone geformt, indem man einfach während des Wachstums alle Seitentriebe vom Hauptstamm abzwickt und oben lediglich ein Nest aus Zweigen lässt. Um eine runde Krone zu erreichen, muss sie zwei, drei Jahre lang ein paarmal im Jahr in Form gebracht werden.

Weil man nur gelegentlich ein paar Blätter für Eintöpfe oder Suppen braucht, reicht ein einziger Lorbeerbaum bei Weitem aus. Als immergrünes Gehölz gibt er im Winter auch etwas Sichtschutz. Zudem ist ein Formschnittgehölz ein dekorativer Blickfang, wenn in der kalten Jahreszeit alles andere einzieht.

Oregano
Oregano, auch Wilder Majoran genannt, ist eine hübsche, kriechende Pflanze. Ihre Blüten locken Bienen an, während die intensiv duftenden Blätter einen hohen Stellenwert in der italienischen und griechischen Küche haben. Man kauft die Pflanzen im Frühjahr, setzt sie in größere Töpfe oder Fensterkästen mit Einheitserde und weist ihnen einen warmen, sonnigen, geschützten Standort zu. Im Herbst werden die einzelnen Exemplare zurückgeschnitten, um nicht zu sehr zu verholzen, doch darf man sie draußen lassen. Ernteüberschüsse können im Sommer getrocknet und luftdicht gelagert werden.

Estragon
Als Zierpflanze macht Estragon nicht viel her, in der Küche jedoch spielt das feingliedrige Kraut mit seinem milden Anisgeschmack in einer wesentlich höheren Liga. Es passt perfekt zu Huhn und Fisch. Französischer Estragon schmeckt besser als die frosthärtere, aber bittere russische Variante. Man kauft ihn im Frühjahr, pflanzt ihn in Einheitserde, deren Durchlässigkeit mit etwas Sand oder Kies verbessert wurde, und stellt ihn auf eine sonnige Fensterbank. Im Herbst bringt man den ganzen Topf nach drinnen und stellt ihn ans Fenster, da er den Winter draußen nicht übersteht. Zu Frühjahrsbeginn treiben neue Blätter aus und ab Mitte Mai kann man die Pflanze wieder nach draußen bringen. Fallen im Sommer Ernteüberschüsse an, werden sie gehackt und eingefroren.

ZITRONENVERBENE
Die Zitronenverbene sollte in einem Kräutergarten auf keinen Fall fehlen. Ihre derben, schmal lanzettlichen Blätter verströmen zerrieben einen umwerfenden Zitrusduft und ergeben obendrein den allerköstlichsten Tee. Als frostempfindliche Staude sollte die Zitronenverbene im Winter nach drinnen gebracht werden. Will man sie auf dem Balkon lassen, muss man sie gut mit ein paar Lagen Gartenvlies schützen. Überschüssige Blätter werden bei schwacher Hitze im Ofen getrocknet und luftdicht gelagert.

Die Blätter der Zitronenverbene machen uns mit ihrem Zitrusduft den Mund wässrig und ergeben einen köstlichen Tee.

Karotten

Selbst gezogene Karotten sind gekauften Möhren um Längen voraus: Die jungen Wurzeln schmecken frisch ausgegraben herrlich knackig und süß. Man kann sie roh essen, zu Saft pressen oder kurz andünsten, damit sie ihre angenehme Süße nicht verlieren. Mit frühen Sorten wie 'Nantes' tut man keinen Fehlgriff, Experimentierfreudigere aber können es auch mit einer »Regenbogenmischung« probieren, die violette, gelbe, weiße und orange Sorten enthält, während die kugelige 'Pariser Markt' vor allem für flache Fensterkästen geeignet ist.

Ausgesät werden Karotten ab der Frühjahrsmitte dünn in große, relativ tiefe Töpfe. Wenn man immer wieder neu sät, sobald der erste Satz seine pflanzentypischen Blätter austreibt, kommt man mit einer lückenlosen Versorgung durch den Sommer. Karotten brauchen keine nährstoffreiche Erde und auch nicht viel Wasser, aber eine gute Dränage, weshalb man Sand im Verhältnis 1:4 in die Erde mischt. Dünnen Sie die jungen Pflanzen auf rund 5 cm aus.

Projekt

FARBIGER TOPF: KAROTTEN UND RINGELBLUMEN

Die leuchtend orangefarbenen Blüten der Ringelblumen und die frischen, gefiederten Blätter der Karotten bilden ein dekoratives Gespann. Man kombiniert sie am besten in einem farbigen, leichten Gummi- oder Plastikeimer.

Zu erledigen: im Frühjahr
Sie brauchen:

- 1 Plastikeimer o. Ä.
- Bohrer mit 3-mm-Aufsatz
- Tonscherben oder Styropor
- Einheitserde
- Gartensand (bei Bedarf)
- 1 Päckchen Karottensamen
- Sand für die Aussaat
- 1 Päckchen Ringelblumen

Und so geht's:
Etwa zehn Löcher mit mindestens 3 mm Durchmesser in den Boden des Eimers bohren. Dann eine Lage Styroporstücke oder Tonscherben hineingeben und mit einer Mischung aus 3 Teilen Erde und 1 Teil Sand auffüllen.

Karottensamen mit einer Handvoll trockenem Sand mischen und das Ganze dünn auf die Oberfläche des Substrats streuen, dann mit den Fingern leicht einarbeiten, sodass man die Samen nicht mehr sieht. Mit den Fingern etwa ein Dutzend Löcher 1 cm tief in die Erde stechen, in jedes Loch ein Ringelblumen-Samenkörnchen geben und mit Erde auffüllen. Gut wässern und an einen sonnigen Platz stellen. Karotten auf 5 cm ausdünnen und die ausgedünnten Exemplare roh in Salaten genießen.

Zucchini und Kürbisse

Für diese ausbreitungsfreudigen Gewächse brauchen Sie einen ziemlich mächtigen Topf. Trotzdem lohnt sich ihr Anbau, denn sie liefern eine reiche Ernte und füllen einen Platz mit ihren riesigen, rauen Blättern und den auffälligen gelben Blüten im Handumdrehen.

Zucchini verlangen ein Gefäß mit etwa 45 cm Durchmesser. Hängende Sorten wie 'Black Forest' kann man an Geländern und Rankgittern ziehen, doch selbst Buschformen wie 'Defender', 'Costates Romanesco', die runde 'Eight Ball' und die gelbe 'Soleil' erreichen gute Trieblängen. 'Tuscany' mit dunkelgrünen Früchten hingegen bleibt kompakter.

Auch Kürbisse benötigen viel Platz. Sie breiten sich überallhin aus und müssen daher gut geführt werden: Man stellt sie entweder neben ein Geländer und bindet sie mit zunehmendem Wachstum an oder steckt ein Stangenzelt in den Topf, um das man sie spiralig herumführt. Zu den empfehlenswerten Sommer-Kürbissen zählt 'Sunburst', eine relativ kompakte Pflanze mit Unmengen senfgelber Früchte, die in gedünsteter Form ausgezeichnet schmecken. Man kann auch einen der monatelang lagerfähigen Winter-Kürbisse mit harter Schale ziehen, meidet dann aber die Sorte 'Butternut', da diese bei uns nicht verlässlich ausreift. Wesentlich besser fährt man hingegen mit dem dekorativen Hokkaido-Kürbis 'Red Kuri', manchmal auch 'Uchiki Kuri' genannt. Seine hartschaligen, orangefarbenen Früchte zieren die Triebe wie Laternen. Für noch Wagemutigere gibt es eine blauschalige Version namens 'Blue Kuri', den Schlangen-Kürbis 'Tromboncino d' Albenga' oder den Spaghetti-Kürbis, dessen cremefarbene, eiförmige Früchte beim Aufschneiden nudelartige Fäden preisgeben. Man halbiert sie, steckt sie ein paar Minuten in die Mikrowelle und isst das Fleisch mit reichlich Butter, Salz und frisch gemahlenem schwarzem Pfeffer. Kürbisse brauchen große Gefäße, bei Platzmangel kann man es mit der relativ kompakten Sorte 'Baby Bear' probieren.

Ausgesät werden Zucchini und Kürbisse in der Frühjahrsmitte. Der Samen wird in Seitenlage 3 cm tief in kleine Töpfe mit Einheitserde gelegt und auf eine sonnige Fensterbank gestellt. Eine weitere Möglichkeit ist, Pflänzchen im Frühsommer zu kaufen und direkt an den endgültigen Standort zu setzen. Solange sie reichlich Wasser bekommen – bei Hitze täglich – und alle 14 Tage mit einem kalireichen Dünger verwöhnt werden, sind sie zufrieden. Düngt man sie obendrein mit einer 5 cm dicken Lage Humus oder Komposterde, umso besser.

Chilis

Nur wenige Nutzpflanzen eignen sich so gut für die Topfkultur wie Chilis. Selbst ein einziges Exemplar liefert genug Schoten für den normalen Gebrauch, sieht man einmal von eingefleischten »Chilisten« ab. Sorten gibt es für jeden Geschmack, wie die feurigen 'Jalapeno-Chili' und 'Bird's Eye' oder auch die milde 'Hungarian Hot Wax' beweisen. Die Auswahl an Farben und Formen ist groß. Weiterer Vorteil: Die farbenfrohen Früchte verbreiten herrlich exotisches Flair.

Man sät Chilis zu Frühjahrsbeginn in kleine Töpfe und deckt die Samen nur dünn mit Erde ab. In größere Gefäße kommen sie, sobald die Wurzeln den alten Topf zu sehr ausfüllen. Im Frühsommer kann man sie nach draußen stellen. Chilis brauchen ab der Blüte alle 14 Tage einen Flüssigdünger und werden im Oktober wieder nach drinnen gebracht, damit sie ausreifen. Überschüssiges Erntegut kann man trocknen oder einfrieren. Im Winter wird sparsam gegossen. Im Juni oder Juli tut den Pflanzen eine Mulchschicht aus Humus oder Komposterde gut.

Heidelbeeren

Ein paar eingetopfte Heidelbeeren zieren jeden Balkon. Die hübschen Sträucher mit ihren cremefarbenen Blüten und den im Herbst oft rot gefärbten Blättern sind völlig winterhart und brauchen keinen Schutz. Auch auf einen Schnitt oder sonstige Pflege kann man verzichten – es reicht, tote Zweige herauszunehmen. Auf einem allerdings bestehen Heidelbeeren: auf saure Erde. Diese gibt es in allen Gartencentern als Moorbeet- oder Rhododendronerde. Man weist den Sträuchern einen Topf mit mindestens 30 cm Durchmesser zu. Heidelbeeren verlangen nach Regenwasser, kommen zur Not aber auch mit Leitungswasser zurecht. Man sollte sie alle 14 Tage mit einem Flüssigdünger oder mit Komposterde verwöhnen.

Größtes Plus der Sträucher aber ist die Menge an Früchten, die sie vom Hochsommer bis in den Herbst hinein tragen, und natürlich deren Geschmack: Die Beeren sind wesentlich fester, peppiger und aromatischer als das, was man im Handel bekommt. Empfehlenswerte Sorten: 'Bluecrop', 'Earliblue', 'Sunshine Blue'.

Geschmack und Raffinesse

Wer seinen Balkongenüssen pflegeleichte Zierpflanzen zur Seite stellen will, fährt gut mit winterharten Exoten wie Keulenlilie, Hanfpalme oder Ziergräsern wie Chinaschilf und Bambus. Selbst blühfreudige Sommerblumen kann man in der zweiten Frühjahrshälfte zwischen das Obst und Gemüse schmuggeln. Sie verblühen bis zum Herbstende wieder ein, peppen die Pflanzungen aber den ganzen Sommer über mit ihren Farben auf. Kapuzinerkresse, Sonnenblumen, Wicken, Kosmeen, Jungfer im Grünen und Ringelblumen können alle direkt in ihre endgültigen Töpfe gesät werden. Zusammen mit dem passenden Gemüse bescheren sie ihren Besitzern das Beste beider Welten: Schönheit und Geschmack. Gelungene Kombinationen sind z. B. Blatt-Salat und Kapuzinerkresse, mit Zucker-Erbsen verschlungene Wicken oder Sonnenblumen inmitten von Zucker-Mais.

Mit einem Löffel Joghurt serviert, sind Heidelbeeren das ideale Schnellfrühstück.

Kreativ und rundum essbar

Gärten in mehreren Stockwerken Höhe entstehen nicht zufällig – sie werden dort ganz bewusst angelegt. Kein Wunder, dass Balkone und Dachgärten oft höchst individuelle Lebensräume sind und die ganze verborgene Kreativität ihrer Besitzer zutage treten lassen. Hier hat der Mensch eine eigene Domäne, in der er sich austoben kann. Es eröffnet sich eine ganze Welt an Gestaltungsmöglichkeiten, nicht nur was die Auswahl, sondern auch, was die Präsentation der Nutzpflanzen betrifft. Vergessen Sie tonfarbene Plastiktöpfe, es gibt wesentlich Schöneres für Ihre Köstlichkeiten: manches schrullig, manches unerwartet schön – und vieles kostenlos.

Aus Alt mach Neu

Etliche schöne Alltagsgegenstände, die früher fester Bestandteil des Lebens waren, verstauben heute in Secondhand-Läden, auf den Hinterhöfen von Altwarenhändlern oder in Schuppen. Die vielen Zinkwannen, Emaileimer, Tröge und Kannen dort bringen die Augen von Balkongärtnern zum Leuchten. Alte Fliesen, Ziegel, Tonrohre und Hutständer haben eine ganz eigene Aura und geben oft überraschend gute Pflanzgefäße oder Stützen ab. Sie bringen Charme und Individualität auf einen Balkon oder Dachgarten – und auch ein wenig Humor.

Es macht viel Spaß, ausgemusterte Gegenstände aufzuspüren – ob es sich um die perfekte Henkelschüssel für Karotten und Ringelblumen oder um einen Hutständer handelt, den man als Halterung für Blumenampeln braucht. Wer kein Geld für Gebrauchtes ausgeben will, kann es mit dem »Verschenkenetzwerk Freecycle« probieren, einer Internetplattform für Sperrmüll. Es ist manchmal erstaunlich, was Menschen wegwerfen. Aber: Was dem einen sein Küchensieb, ist dem anderen sein Hängekorb.

Trödel zu Töpfen

Jedes alte Behältnis taugt zum Topf, solange man ein paar Abzugslöcher in den Boden schlagen oder bohren kann. Einziges echtes Hindernis für seinen Einsatz ist das Gewicht, schließlich will man nicht unbedingt einen irdenen Spülstein die Treppen hochschleppen, ganz gleich, wie schön er in bepflanztem Zustand aussieht. Bevor Sie Behältnisse kaufen oder aufheben, sollten Sie sich allerdings fragen: Will ich sie mir überhaupt ständig ansehen? Es hat wenig Sinn, eine rostige alte Wanne herzurichten und zu begrünen, wenn sie dann doch nur wie Müll aussieht. Aber jeder hat seinen eigenen Geschmack und das Gute an Balkonlandschaften aus recycelten Materialien ist, dass man kreativ sein kann – experimentieren Sie also nach Lust und Laune!

Stolz auf Holz

Alte Wein- oder Obstkisten sind robust und strapazierfähig. Wenn Salate und Kräuter aus ihnen quellen, sieht das richtig gut aus. Auch alte Schubladen taugen als Pflanzgefäße und sind zudem oft tief genug für größere Pflanzen wie Tomaten, Zucchini, Auberginen und Chilis.

Alte Weinfässer machen ebenfalls etwas her und bieten sogar Obstbäumen genug Wurzelraum. Allerdings sind sie recht schwer. Selbst das Gewicht eines bescheidenen Weidenkorbs sollte man nicht unterschätzen. Handwerklich Versierte können sich sogar aus alten Verschalbrettern oder anderem Holzabfall einen Pflanztrog zimmern – es müssen nur genug Abzugslöcher im Boden sein. Wer sich nicht sicher ist, ob sein Balkon oder Dach ein Gefäß trägt, zieht einen Bauingenieur, Architekten bzw. anderen Experten zurate.

Wenn Sie einen Balkon besitzen, der von einem weiteren Balkon überragt wird, können Sie sogar wasserempfindliches Material einsetzen. Bücherregale und Anrichten etwa sind perfekte Stellagen mit wesentlich mehr Charakter, als ihn die vorgefertigten Teile aus dem Gartencenter haben. Schränke und Kommoden fassen Unmengen an Gewächsen wie Zwerg-Busch-Bohnen, Mangold, Blatt-Salat und Erdbeeren, wenn man die Schubladen staffelt. Halten Sie ferner Ausschau nach hölzernen Hut- und Regenschirmständern, die sich auf ihre alten Tage noch als Lebensraum für Kletterpflanzen wie Bohnen oder als Halterung für Hängekörbe mit Erdbeeren und Tomaten nützlich machen können.

Sicher verrottet jedes Holzgefäß irgendwann, falls man es mit feuchter Erde füllt. Aber es hält wesentlich länger, wenn man es mit einem natürlichen, ungiftigen Holzschutzmittel wie Danish Oil behandelt und die Ecken mit Metallklammern verstärkt, damit die Verbindungen nicht auseinanderfallen. Weniger empfehlenswert ist Lack, denn er hindert das Holz daran zu atmen – und falls Wasser nicht mehr hindurchkommt, fault das Holz. Am besten schlagen Sie Holzgefäße grundsätzlich mit Plastikfolie aus, bevor Sie sie bepflanzen, um ihre Lebensdauer zu erhöhen. In die Folie müssen allerdings genug Abzugslöcher gestochen werden, die genau über dem Gefäßboden sind.

METALLGEFÄSSE

Altgediente verzinkte Haushaltsbehälter wie Waschschüsseln, Badewannen, Eimer und Schalen geben vorzügliche Pflanzgefäße ab. Ihre silbrige Farbe bringt ein weiches Licht in jeden Raum und reflektiert das Sonnenlicht angenehm. Sie sind leichter, als man meint, halten Feuchtigkeit gut und sind oft schön geformt oder mit dekorativen Henkeln versehen. Obendrein rosten sie nicht und eignen sich daher bestens für den Außendienst. Man bohrt oder hämmert Löcher in den Boden und gibt eine Lage Tonscherben oder Styroporstücke hinein, bevor man sie mit Erde füllt. Eine von Karotten und Ringelblumen in Beschlag genommene verzinkte Schüssel mit zwei Henkeln macht viel her.

Selbst rostige Eimer sehen, mit Kräutern gefüllt und in Reih und Glied auf einer Bank aufgestellt, gut aus. Emaillierte Brotdosen und andere antike Küchenbehälter wirken humorvoll, während schmiedeeiserne Regale als Klettergerüste für Kürbisse und Bohnen beweisen dürfen, dass sie noch lange nicht zum alten Eisen gehören.

Pflanzen-Top-Ten: selten (so) gut

Wenn Sie sich einen individuellen Balkon anlegen wollen, der Ihre ureigene Handschrift trägt, sollten Sie sich nicht allein auf die Auswahl origineller Gefäße beschränken: Sie können auch ebenso seltene wie feine Genüsse ziehen, die man nicht überall bekommt. Und das Beste an diesen ungewöhnlichen Pflanzen: Nur weil man sie selten sieht, sind sie noch lange nicht anspruchsvoll.

Schild-Ampfer

Diese würzige, kaum bekannte Blattpflanze eignet sich bestens für die Kultur in Töpfen, in denen man ihre zarten, schildförmigen Blätter von Nahem bewundern kann. Schild-Ampfer wird im späten Frühjahr direkt in Töpfe, Fensterkästen oder Blumenampeln mit Einheitserde gesät. Die jungen Blätter verwertet man in Salaten, denen sie mit ihrem säuerlichen, zitrusartigen Geschmack Biss geben.

Mangold 'Bright Lights'

Man bekommt dieses dekorative Gemüse nicht in Geschäften, weil es sich nicht lange lagern lässt. Aber da Sie ja die Genüsse auf Ihrem Balkon binnen Minuten auf dem Teller haben, macht das überhaupt nichts. Die großen, grünen Blätter stehen an leuchtend roten, gelben, orangen und violetten Stängeln. Reife Blätter werden gedünstet und mit reichlich Butter sowie etwas Knoblauch genossen. Die Stiele kocht man länger – sie geben ein köstliches Gratin ab.

Säen Sie Mangold ab der Frühjahrsmitte dünn in 1 cm Tiefe und mindestens in 30-cm-Töpfe aus; später wird

auf rund 20 cm Abstand ausgedünnt. Man kann »Baby-Leaf« auch roh für Salate verwenden. Dazu sät man von April bis September 1 cm tief in ebensolchem Abstand in mittelgroße Gefäße und erntet die Pflänzchen, sobald sie 10 cm hoch sind. Weit weniger schön anzusehen, aber vielleicht sogar schmackhafter ist die Sorte 'Glatter Silber'.

Wald-Erdbeeren

Sie sind kleiner als die Kulturformen und schmecken intensiver und aromatischer. Wenn man gerade mit der Gießkanne unterwegs ist, gibt es keine bessere Nascherei. Sie gedeihen frohgemut in Blumenampeln, Fensterkästen und Töpfen und brauchen wenig Pflege, da sie nicht so viele Ableger bilden wie ihre großen Vettern. Man kauft die Pflanzen vom Frühjahr bis zum Herbst und weist zwei bis drei Exemplaren je einen 30-cm-Topf zu. Ab der Blüte verabreicht man ihnen alle 14 Tage einen kalireichen Dünger.

Schlangen-Kürbis: 'Tromboncino d' Albenga'

Dieser kletternde Kürbis (siehe Abb. oben, ganz rechts) trägt hellgrüne Früchte, die schlangenförmig wachsen. Sie machen sich gut an einer Pergola oder einem Geländer, an deren Streben die Früchte nach unten hängen. Ausgesät wird der Schlangen-Kürbis im Frühjahr drinnen in kleine Töpfe. Im Frühsommer bringt man ihn nach draußen, bietet ihm eine gute Stütze und rund 20 cm Platz nach allen Seiten. Sobald die ersten Früchte erscheinen, düngt man alle zwei Wochen. Schlangen-Kürbisse sind um die Herbstmitte reif und werden wie Zucchini gegessen.

Tomaten: bunt und gestreift

Ein Muss auf jedem Genießerbalkon ist die orangefarbene Kirsch-Tomate 'Sungold', die vielleicht süßeste Sorte überhaupt. 'Black Krim' wird etwas größer, ist violett und schmeckt würzig-süß. 'Tigerella' trägt anfangs grüne Streifen, die sich später rot und gelb färben. All diese Formen sind nicht schwerer zu ziehen als gängige Sorten, aber viel, viel interessanter (Kulturanleitungen auf S. 30).

Blaue Kartoffeln

'Vitelotte', 'Blauer Kongo' – einige alte, ungewöhnliche Kartoffelsorten tragen so romantische Namen, dass man sie schon allein deshalb anbauen möchte. Ihr Farbspektrum reicht von Violett über Blau bis zu tiefstem Schwarz und ist am Küchentisch ebenso Gesprächsstoff wie ihr intensiver, nussiger Geschmack (Pflanz- und Kulturtipps auf S. 30).

Karotten in Bunt

Gelbe, weiße, orange, violette und rote Karotten sind interessanter als ihre orangefarbenen Verwandten und angeblich sogar gesünder als sie. Die meisten Samenhändler bieten inzwischen vielfarbige Mischungen an (Kulturhinweise auf S. 48).

Borlotti-Bohnen

So schmeckt Italien. Ziehen Sie diese Kletter-Bohnen (S. 34) in einem großen Topf neben einer Stütze, sodass sich die Ranken nach oben arbeiten und dabei ihre verblüffend rot und grün gesprenkelten Hülsen zur Schau stellen können. Die Bohnen darin stehen den Hülsen in nichts nach und schmecken mit Koriander und Parmesan genossen oder für Suppen getrocknet schlichtweg köstlich.

Man sät im späten Frühjahr ungefähr ein Dutzend Samen etwa 2 cm tief in 30-cm-Töpfe; den Sämlingen bietet man ein Stangenzelt oder eine andere Kletterhilfe. Geerntet wird im Frühherbst, wenn die Hülsen prächtig rot und cremeweiß leuchten.

Taybeeren

Die Kreuzung aus Brombeere und Himbeere braucht mindestens einen 40-cm-Topf. Ihre Ruten müssen an Stützen gebunden werden. Nach dem Fruchten schneidet man jede Rute bis zum Boden zurück – sie treibt im nächsten Jahr wieder aus. Erntezeit ist im Hochsommer, wenn die Beeren dunkel und süß werden.

Chilenische Guave

Der immergrüne Strauch aus der Familie der Myrtengewächse sieht ein bisschen wie ein Buchsbaum aus, trägt aber im Herbst schmackhafte Beeren. Sie waren angeblich Königin Viktorias Lieblingsobst und erinnern etwas an pfefferige Erdbeeren.

Jungpflanzen werden in ein mittelgroßes Gefäß gepflanzt, da es ihre Wurzeln gern ein bisschen geräumig haben. Sie brauchen saures Substrat, im Handel als Moorbeet- oder Rhododendronerde erhältlich. Man stellt sie in die Sonne oder den Halbschatten und düngt sie nur einmal im Jahr mit Komposterde oder gut verrottetem Stallmist. Die Beeren sind im Spätherbst erntereif. Eine kleine Reihe mit diesen Büschen liefert jedoch nicht nur reichlich Beeren, sondern schirmt Sie mit ihrem immergrünen Laub auch vor neugierigen Blicken aus der Nachbarschaft ab.

Bohnen auf Italienisch: Borlottis fallen durch ihre rot und beige gezeichneten Hülsen ins Auge.

Projekt

ERBSEN UND WICKEN IM FLECHTKORB

Geflochtene Papierkörbe sind leicht und überzeugen durch rustikales Flair. Erbsen brauchen einen tiefen Wurzelraum und wachsen in solchen Gefäßen daher recht gut. Kombiniert man sie mit Duft-Wicken, bekommt man ein herrliches Allerlei aus Düften, Blüten und Hülsen. Man sollte die Erbsenhülsen und Duft-Wickenblüten aber regelmäßig abschneiden, um beide Pflanzen zu immer neuem Samen- und Blütenansatz anzuregen. Die grünen, behaarten, ungenießbaren Hülsen der Duft-Wicken lassen sich leicht von den essbaren der Erbsen unterscheiden, auf Nummer sicher gehen Sie aber, wenn Sie Zucker-Erbsen mit violetten Samenständen säen. Am Ende der Saison schneidet man die beiden bis zum Ansatz zurück, belässt jedoch die Wurzeln im Boden, da sie das Substrat mit Stickstoff anreichern. Für eine späte Ernte kann man noch Salat in den Topf pflanzen.

Bepflanzung: April–Juli
Sie brauchen:

- Geflochtener Papierkorb
- Schwarzer Müllsack oder Kunststofftüte
- Einheitserde
- 1 Bündel Zweige mit mindestens 35 cm Länge, jedoch keine Bambusstäbe, da sie zu glatt sind und die Erbsen sich nicht daran festhalten können
- 1 Handvoll Sämlinge von Duft-Wicken
- 1 Paket Erbsensamen (eine Zwergsorte ist für Gefäße ideal), am besten mit violetten Hülsen

Und so geht's:
Korb mit dem Müllsack oder der Tüte ausschlagen; dabei drei Löcher in den Boden stechen. Den Korb bis fast zum Rand mit Erde füllen. Die Zweige beliebig in die Erde stecken. Sämlinge pflanzen, dann mit dem Finger die Erbsensamen rund 5 cm tief (bis zum zweiten Fingerglied) in die Erde drücken und die Löcher mit Erde bedecken. Gut gießen und an einen geschützten, sonnigen bis halbschattigen Standort stellen.

Sobald die Erbsen erscheinen, führt man sie an die Zweige und zwickt eventuell ein paar Triebe ab. Nach der Blüte wöchentlich düngen.

Sind keine Zweige zu bekommen, stellt man den Korb an das Balkongeländer und zieht sie daran hoch.

Von Brotdosen, bis Teekessel: originelle Pflanzgefäße im Retro-Look.

Projekt

ROTE BETE IN DER DOSE

Emaillierte Brot- und Mehldosen waren bis vor Kurzem in Küchen in Gebrauch. Inzwischen aber findet man sie bestenfalls noch in Secondhand-Läden, auf dem Flohmarkt oder bei »Retro«-Küchenausstattern. Mit ihren antiken Farben und Lettern geben sie ungewöhnliche Pflanzgefäße ab. Sie sind schnell umfunktioniert und tief genug für Rote Bete, Karotten, Kräuter, Salate, Erdbeeren, Hänge-Tomaten und Zwerg-Busch-Bohnen. Kleinere Emaildosen, etwa für Zucker, Kaffee und Tee, bieten sich dagegen für kompaktere Kräuter wie Basilikum, Schnittlauch und Koriander an.

Bepflanzung: April–August
Sie brauchen:

- Haushaltsbohrer
- Emaillierte Küchenbehälter wie Brot- oder Mehldose
- Tonscherben, Styropor oder groben Kies
- Einheitserde
- 1 Paket Rote-Bete-Samen, vorzugsweise eine »Baby«-Sorte wie 'Pablo' oder 'Pronto'

Und so geht's:

Mehrere mindestens 3 mm breite Löcher in den Boden der Dose bohren. Anschließend eine Lage Tonscherben, Kies oder Styroporstücke zur Verbesserung der Dränage in die Dose legen. Fast bis zum Rand mit Erde füllen. Rote-Bete-Samen in 5 cm Abstand 2 cm tief in die Erde drücken. Löcher wieder mit Erde bedecken und gut wässern. An einen sonnigen, geschützten Standort stellen.

Wenn die Wurzeln golfballgroß sind, aus der Erde ziehen und unzerkleinert braten, um sie für Salate zu verwenden; am besten mit selbst gezogenen neuen Kartoffeln oder Baby-Saubohnen.

Tipp

Rote-Bete-Blätter schmecken in Salaten vorzüglich. Man zupft hin und wieder ein paar von ihnen ab, während die Knollen reifen – solange man ein paar an der Pflanze lässt, beeinträchtigt sie das nicht.

Projekt

OBERSTE SCHUBLADE: FARBENFROHE ZUCCHINI

Alte Kommoden müssen nicht auf dem Wertstoffhof enden: Man kann ihre Schubladen zu Pflanzgefäßen umfunktionieren, die tief genug für die meisten Obst- und Gemüsesorten sind. Lackieren Sie die Außenseiten in einer freundlichen Farbe und lassen Sie die Griffe dran – gerade sie sind das Tüpfelchen auf dem »i«.

Besonders gut für solche Schubladen eignen sich Zucchini, denn sie brauchen viel Nährstoffe und können den Raum gut ausnutzen. Am besten entscheidet man sich für eine buschige Sorte, die sich nicht ganz so übermütig ausbreitet. Empfehlenswert sind 'Tuscany', 'Mastil', 'Mirza', die gelbe Sorte 'Soleil' oder die runde 'Eight Ball'. Da es dauert, bis eine Zucchini die Schublade ganz für sich in Anspruch nimmt, können Sie den freien Platz rasch noch für Radieschen nutzen.

Bepflanzung: Juni–Juli

Sie brauchen:

- 1 Schublade aus einer Kommode oder einem Schrank
- Glänzenden Außenlack – am besten eine kräftige, freundliche Farbe
- Pinsel
- Haushaltsbohrer
- Plastikfolie (muss nicht sein, ist aber sicherer, weil man nie weiß, womit die Schublade behandelt wurde – die Schadstoffe sollen nicht in die Erde gelangen)
- Tonscherben, Kies oder Styroporbrocken
- Einheitserde
- 1 Zucchinipflanze – idealerweise eine kleinere Sorte wie die dunkelgrüne 'Tuscany' oder die rundliche 'Eight Ball'
- 1 Päckchen Radieschensamen, etwa der Sorte 'French Breakfast' (nach Belieben)

Und so geht's:

Die sichtbaren Flächen der Schublade streichen und die Farbe trocknen lassen. Schublade auf den Kopf stellen und etwa zehn mindestens 3 mm breite Löcher in den Boden bohren, dann wieder umdrehen und an ihren endgültigen Platz stellen – viel Sonne ist ein Muss. Falls das Innere mit Folie ausgeschlagen wird, Löcher genau dort in die Folie stechen, wo sich die Abzugslöcher im Boden der Lade befinden. Eine Schicht Tonscherben oder anderes Dränagematerial auf den Boden der Schublade legen. Lade mit Erde füllen.

Zucchini pflanzen, dann auf der freien Substratfläche einige Radieschen 1 cm tief aussäen (falls gewünscht) und gut gießen. Zucchini wöchentlich mit Flüssigdünger nähren und Früchte ernten, sobald sie 10 cm lang sind. Auch die Blüten sind essbar.

Für Gefäße sind kleinere Sorten wie 'Soleil' am besten geeignet.

Projekt HUT AB FÜR PFLANZENKINDER

Der Einsatz ausgemusterter Hutständer kommt besonders auf kleinen Balkonen gut an, da die antiken Stücke in einer sonnigen Ecke kaum Platz wegnehmen und Unmengen von Pflanzen tragen. Man kann an ihren Haken nicht nur Blumenampeln oder andere Gefäße mit Erdbeeren, Tomaten, Salaten und Kräutern befestigen, auch ihr Pfosten leistet gute Dienste als Kletterhilfe für Bohnen oder Gurken. Fast jeder hat noch einen solchen Kleider- oder Hutständer irgendwo herumstehen oder kennt jemand mit einem solchen Relikt, der das unnütze Ding liebend gern loswerden möchte. Eine weitere Quelle könnte die Freecycle-Webseite sein.

Bepflanzung: Juni–Juli
Sie brauchen:
- 1 Hutständer
- 2 Töpfe mit mindestens 30 cm Durchmesser
- Einheitserde
- 2 Gurkenpflänzchen (idealerweise Zwergsorten wie 'La Diva' oder 'Iznik')
- 10 kletternde Bohnen, entweder Busch-Bohnen (empfehlenswert: 'Blue Lake', 'Rocquencourt' und die violette 'Blauhilde') oder Stangen-Bohnen (z. B. 'Painted Lady' oder 'Scarlet Emperor')
- Bindfaden oder Bast
- 2 × 30-cm-Blumenampeln oder andere Töpfe
- 3 Erdbeerpflanzen wie 'Mara des Bois', 'Cambridge Favourite' oder 'Gariguette'
- 1 Hänge-Tomate, z. B. 'Gartenperle' oder 'Tumbler'
- 4 kleinere Hängegefäße
- Mehrere Salat- oder Kräutersämlinge

Stangen-Bohnen streben rasch in die Höhe und erobern Hutständer sowie andere Stützen.

Und so geht's:
Hutständer an einen geschützten, sonnigen Platz stellen – ideal ist eine Ecke, wo der Wind ihn nicht umwerfen kann. Wenn er trotzdem ein bisschen wacklig wirkt, legen Sie schwere Steine auf seinen Fuß oder befestigen Sie ihn mit einer Kette an der Wand. Die größeren Töpfe aber sollten ihm genug Standfestigkeit geben.

Die beiden großen Töpfe mit Erde füllen und an den Fuß des Ständers stellen. Einen Topf mit den Gurken und einen mit den Bohnen bepflanzen. Dann mehrere Längen Bindfaden vom oberen Halterungsring des Ständers zu seinen Füßen ziehen. Sie geben den Kletterpflanzen zusätzlich zum Mittelpfosten Halt.

Eine Blumenampel mit Erdbeeren, die andere mit Tomaten bepflanzen; beide an den Hutständer hängen. Die kleineren Gefäße mit Salat und Kräutern bepflanzen und ebenfalls anhängen.

Sobald der Gurkentrieb fünf Blätter hat, die Wuchsspitze abzwicken, damit er Seitentriebe bildet. Dann diese Triebe an die Schnüre oder den Pfosten des Ständers binden. Wenn die Bohnen und die Gurken das obere Ende des Ständers erreichen, die Triebspitzen abzwicken. Gut wässern und Bohnen und Gurken im Sommer nach Möglichkeit mit 5 cm Humus oder Komposterde mulchen. Tomaten und Erdbeeren alle 14 Tage, die Bohnen und Salate alle drei Wochen düngen.

Kaffee- und Joghurtbecher sind die idealen Erstgefäße für Sämlinge.

Originelle Kinderstube

Sehen Sie sich einmal in Ihrer Küche um. Wahrscheinlich landen jede Woche etliche Schalen, Kisten, Flaschen und Dosen im Abfall, um in der Mülltonne entsorgt zu werden. Werfen Sie einen Blick in Ihre Garage, auf den Dachboden oder in Ihren Keller – Sie werden jede Menge ungeliebter oder nicht ganz perfekter Staubfänger entdecken. Dinge, die Sie aus irgendeinem Grund nicht weggeworfen haben: Seifenhalter, die nicht mehr halten, Schuhorganisierer, die Sie nicht mehr brauchen. Warum also Geld für teure Töpfe aus dem Gartencenter ausgeben, wenn Sie mit etwas Fantasie einen Großteil Ihres Abfalls im Haus in originelle Pflanzgefäße umfunktionieren können – angefangen von Kräutergärten in hängenden Flaschen bis hin zu Taschen mit Erdbeeren, die Sie über das Geländer hängen.

Die einzige Regel lautet, dass es keine Regel gibt. Alles ist zu gebrauchen, sofern es nicht mehr gebraucht wird. Sie können auch Ihren Händler um die Ecke fragen, ob er Behälter hat, die er sowieso wegwerfen will: alte Olivenöldosen haben mitunter ein recht ansprechendes Design. Gemüseverkäufer sind oft froh, wenn man ihnen ein paar ihrer Holzkisten abnimmt (man schlägt sie mit Plastikfolie aus und erwartet nicht, dass sie länger als bis zum Saisonende halten). Beim Fischhändler bekommt man Styroporkisten, die wegen ihres geringen Gewichts für Balkone wie geschaffen sind. Ebenfalls ideal: Kunststoffkisten mit Deckel, vor allem, wenn sie auch noch Rollen haben, denn die großen werden recht schwer, wenn sie mit Erde gefüllt sind.

Aber Vorsicht: Die Suche nach originellen Pflanzgefäßen für den Balkongarten kann zur regelrechten Sucht werden. Sie dürfen dabei mit ihren Einfällen auch etwas exzentrisch sein. Bei einem Experiment in Chicago wurden 1997 446 kg Gemüse in 38 Planschbecken herangezogen.

GELD SPAREN MIT SÄMLINGEN

Wer Sämlinge selbst heranzieht, kann sich das Geld für Töpfe sparen. Obstschalen, Joghurtbecher oder die untere Hälfte von Plastikflaschen tun es ebenso gut. Stechen Sie aber auf jeden Fall großzügige Löcher in die Unterseite oder, noch besser, in den unteren Rand der Seitenwände. Obstschalen eignen sich ausgezeichnet, da sie bereits mit Abzugslöchern versehen sind. Manchmal haben sie obendrein einen durchsichtigen Deckel, weshalb sie für empfindliche Aussaaten wie Chili, Paprika und Tomaten sogar als Mini-Anzuchtkästen verwendet werden können.

Projekt

IM SIEB: TOMATEN & KAPUZINERKRESSE

Warum soll man sich mit einem langweiligen traditionellen Hängekorb begnügen, wenn man genauso gut etwas wesentlich Originelleres als Pflanzgefäß für eine Blumenampel verwenden kann? Ein altes Küchensieb, das im hintersten Winkel des Küchenschranks verstaubt, ist das ideale Gefäß für einen hängenden Garten in Miniaturformat. Man kann es sich auf Flohmärkten und in Trödelläden besorgen – oder nimmt einfach ein modernes Kunststoffsieb in kräftigen Farben. Es ist vermutlich immer noch billiger als ein Hängekorb.

Ein echtes Dream-Team für Blumenampeln sind Kapuzinerkresse und Tomaten: Das Aufeinandertreffen orangener Blüten und leuchtend roter Früchte hat durchschlagende Wirkung.

Bepflanzung: April–August
Sie brauchen:

- 1 Küchensieb
- Folie zum Auskleiden des Siebs, z. B. eine Plastiktüte oder ein Müllsack
- Einheitserde
- 1 Hänge-Tomate, z. B. die Sorte 'Gartenperle' oder 'Tumbling Tom Red'
- 3 Pflänzchen oder eine Handvoll Kapuzinerkressesamen
- Reißfestes Band, z. B. eine Vorhangschnur

Und so geht's:

Das Sieb mit der Folie ausschlagen und in den Boden ein großes Loch stechen, damit das Wasser dort ungehindert ablaufen kann, aber nicht aus den Seiten sickert. Anschließend das Sieb mit Erde füllen, dann Tomate in die Mitte und die Kapuzinerkressen um sie herum pflanzen (bei Aussaat etwa 5 Samen 2 cm tief in gleichmäßigen Abständen in die Erde stecken und später auf 3 Pflanzen ausdünnen). Mit der Schnur an das Balkongeländer oder eine andere geeignete Halterung hängen.
Gut wässern und mit Komposterde mulchen. Sobald die Tomaten erbsengroß sind, wöchentlich einen Tomatendünger verabreichen.

BASTELN SIE IHRE EIGENE GIESSKANNE

Mit der Kanne oder dem Gartenschlauch kann man Sämlinge leicht ertränken. Funktionieren Sie daher eine Plastikflasche zur perfekten Gießvorrichtung für Pflänzchen um. Dazu müssen Sie nur viele kleine Löcher in den Verschluss stechen. Die Flasche mit Wasser füllen, verschließen, umdrehen und die Sämlinge sanft duschen, ohne sie wegzuschwemmen.

Je nachdem, wie lang der Schuhorganisierer ist, müssen Sie vielleicht die unterste Taschenreihe abschneiden, denn feuchtes Substrat wird recht schwer und strapaziert die Festigkeit der Halterungen. Man kann die abgeschnittenen Taschen ja anderweitig auf dem Balkon verwenden – in größere passen z. B. Paprika-, Auberginen- und Tomatenpflanzen.

Bepflanzung: April–Mai
Sie brauchen:

- Schuhorganisierer zum Aufhängen an Türen
- Schere
- Einheitserde
- Jungpflanzen von Blatt-Salaten, Erdbeeren, Busch-Bohnen, Chilis oder Kräutern – ein Exemplar pro Tasche
- Wasserspeichernde Gelkugeln (nach Belieben)

Und so geht's:
Den unteren Teil des Schuhorganisierers abschneiden, falls er zu lang ist. Jede Tasche zur Hälfte mit Erde füllen und gegebenenfalls Gelkugeln nach den Angaben des Herstellers dazumischen. Den Organisierer vorsichtig auf den Boden klopfen, damit sich die Erde in den Taschen setzt. Sämlinge in die Taschen pflanzen und mehr Erde einfüllen. Gut wässern und aufhängen.

Salate und schattentolerante Kräuter wie Petersilie, Koriander und Minze kommen mit Halbschatten gut zurecht. Erdbeeren, Tomaten, Busch-Bohnen und mediterrane Kräuter aber brauchen volle Sonne!

Projekt FÜR PLATZSPARER

Platzsparend und originell aufgehoben sind Kräuter, Salate, Erdbeeren und Chilis in Schuhorganisierern, für die man nicht einmal die Bohrmaschine zücken muss. Viele haben solche Schuhaufbewahrungssysteme in Schränken hängen; zudem gibt es sie preiswert bei Möbeldiscountern. Ideal sind Ausführungen, die man an der Oberkante von Türen befestigen kann, weil die Haken auch für Geländer, Begrenzungen, Wände oder Rankgitter passen. Verwenden Sie Exemplare in dunkler Farbe, denn heller Stoff wird mit der Zeit wegen der Feuchtigkeit der Erde fleckig.

Projekt

MARKE EIGENBAU: SELBSTBEWÄSSERNDE GEFÄSSE

Wir alle kennen das: Auf dem Rückweg nach einem verlängerten Wochenendausflug fällt uns plötzlich ein, dass die Tomaten zu Hause seit drei Tagen kein Wasser mehr bekommen haben. Wir kehren zurück und sehen sie welk – und fürchterlich schmollend – vor uns. Basteln Sie sich ein selbstbewässerndes Pflanzgefäß und Sie können künftig Kurzurlaube ohne schlechtes Gewissen genießen!

In den Gefäßen befinden sich integrierte Wasserspeicher, aus denen die Pflanzen mehrere Tage mit Wasser versorgt werden, bis man sie neu auffüllen muss. Man braucht nicht für jede Pflanze einen solchen selbstbewässernden Topf, aber für außerordentlich durstige Geschöpfe wie Zucchini, Tomaten und Auberginen sind sie ideal. Es gibt kompliziertere Versionen eines solchen Systems, das hier beschriebene aber ist einfach und leicht aus Materialien herzustellen, die vermutlich sowieso ungenutzt bei Ihnen herumliegen.

Bepflanzung: jederzeit, am besten aber März–September
Sie brauchen:
- Schere
- 1 Kunststofftopf mit ca. 12 cm Durchmesser
- 1 großes Pflanzgefäß – ideal ist eine Kunststoffkiste, in deren Boden Löcher gebohrt sind
- 1 große Plastikflasche oder großer Plastikkanister mit 5 l Fassungsvermögen und Deckel
- 1 Rohr in der Höhe der Pflanzgefäße; auch ein Gartenschlauch eignet sich, am besten aber ist ein steifes Kunststoffwasserrohr
- Einheitserde
- 1 Trichter bei Bedarf

Und so geht's:
Mit der Schere etwa ein Dutzend Löcher in die Seiten des Kunststofftopfs stechen. Ein Loch in die Seite des Kanisters schneiden, in die der Topf passt. Topf so weit wie möglich in das Loch stecken – der Boden darf aber die Seiten des Kanisters nicht berühren. Kanister seitlich in das Pflanzgefäß legen, sodass der Topf nach oben zeigt. Das ist Ihr Reservoir.

Neben dem Topf ein kleineres Loch in den Kanister schneiden, in das das Rohr knapp passt. Rohr hineinstecken. Kunststofftopf mit Erde füllen; Erde festdrücken. Kanister über das Rohr mit Wasser befüllen (evt. mit dem Trichter). Zum Schluss Pflanzgefäß mit Erde füllen und Pflanzen hineinsetzen. Das Reservoir kann wöchentlich über den Schlauch befüllt werden.

Inspiration

EINE ECHTE ENTDECKUNG

Wer bei einem Blick auf die vor Tomaten überquellenden Fensterbänke von Mark Ridsdill Smiths Wohnung noch keinen Verdacht schöpft, erahnt es spätestens bei einem Besuch seines winzigen Balkons (siehe S. 77) im ersten Stock: Auf seiner viktorianischen Dachterrasse im Norden Londons frönt er einer besonderen Leidenschaft. Der begeisterte Balkongärtner hat sich auf gerade einmal 3 x 2 Metern einen genialen Küchengarten mit Bohnen, Salaten, Zucchini, Kräutern und Tomaten eingerichtet.

Alles ist voller recycelter Materialien, angefangen von hölzernen, selbst gebastelten Pflanzkästen über die aus Sperrmüllcontainern gefischten Bodendielen bis hin zu einem Hula-Hoop-Reifen für Kinder, aus dem er einen Rahmen zum Abdecken empfindlicher Aussaaten gefertigt hat. Das Regenwasser wird vom Dach in ein Olivenölfass aus Plastik geleitet, das die Reservoire im Inneren selbstbewässernder, mit Kunststoffrohren verbundener Gefäße speist. Mark braucht sich nur zurückzulehnen, seine Salate zu ernten und sich an den Ringelblumen inmitten seiner Stangen-Bohnen zu erfreuen.

Projekt

SALAT IN VERTIKALEM DESIGN

Sie legen in Ihren vertikalen Gärten auf minimalistisches Design Wert? Dann befestigen Sie doch einfach Dachrinnen aus Kunststoff an der Mauer und ziehen darin Salate oder Kräuter. Damit nutzen Sie kleine Stadtbalkone nicht nur optimal, Sie geben ihnen auch ein modernes Aussehen – vor allem, wenn Sie Gewächse ziehen, die das Gefäß völlig verdecken, so, als würden sie in der Luft schweben. Die Idealbesetzung sind Pflanzen, die man sehr jung erntet, etwa Erbsen- oder Sonnenblumensprossen, doch auch Blatt-Salate, Spinat, Mangold und Rucola eignen sich, sofern man sie als Babygemüse zieht. Selbst Frühlingszwiebeln und Kräuter wie Basilikum oder Koriander gedeihen problemlos darin, müssen allerdings jung geerntet werden. Besonders geeignet ist diese Art der Kultur für schattige und halbschattige Mauern, denn wegen der geringen Substratmenge trocknen die Rinnen rasch aus.

Zu einem Frühstart verhilft man den Bewohnern von Rinnen, indem man sie im zeitigen Frühjahr drinnen pflanzt und erst ab etwa Mitte Mai nach draußen hängt oder sie von Anfang an draußen zieht und bei Minustemperaturen mit einer Plastikplane schützt.

Die Rinnenkultur hat noch einen weiteren großen Vorteil: Es wird kein Wasser vergeudet, denn überschüssiges Nass tropft in die Etage darunter. Und wenn man mit Fingerspitzengefühl gießt, bleibt sogar die Wand trocken.

Bepflanzung: jederzeit, am besten aber März–September
Sie brauchen:

- Dachrinnen aus Kunststoff mit Abschlussstücken
- Farbpinsel und Außenlack, falls gewünscht
- Säge
- Bohrmaschine mit 3-mm-Bohrer
- Einheitserde
- Wasserspeichernde Gelkugeln
- Samen von Blatt-Salaten, Basilikum, Koriander, Spinat, Mangold, Rucola, Radieschen, Erbsen, Sonnenblumen und Frühlingszwiebeln
- Halterungen, Schrauben und Dübel

Und so geht's:

Sie können Ihre Rinnen passend zur Wand lackieren. Verwenden Sie dafür einen Außenlack. Er darf aber nur an der Außenseite der Rinnen aufgetragen werden, damit er nicht mit der Erde in Kontakt kommt.

Rinnen in die gewünschte Länge schneiden. Für guten Wasserabzug Löcher in ungefähr 10 cm Abstand in den Boden der Rinnen bohren und Abschlussstücke aufstecken. Samen mit rund 1 cm Abstand aussäen und gut wässern. Für die Rinnenhalterungen Löcher in die Wand bohren, Halterungen mit Schrauben und Dübeln befestigen und Rinnen einhängen. Gut wässern. Salat- und Kräuterblätter ernten, sobald sie etwa 10 cm hoch sind. Zwiebeln ernten, sobald sie eine Zwiebel gebildet haben. Zur Ernte von Erbsen- und Sonnenblumensprossen siehe S. 39.

Projekt

MIT DER FLASCHE AUFGEZOGEN: KRÄUTERGÄRTEN AM GELÄNDER

Der lässige Charme von Hängegärten aus Plastikflaschen ist kaum zu toppen. Kräuter und Salate gedeihen frohgemut in diesen zweckentfremdeten Behältern, die man an das Balkongeländer hängt. Besonders gut sehen sie aus, wenn man sie obendrein in kräftigen Farben lackiert.

Bepflanzung: März–August
Sie brauchen:

- 4 große Plastikflaschen, z. B. 1- oder 1,5-l-Wasserflaschen
- Schere
- Außenlack in kräftigen Farben
- Pinsel
- Nagel oder Ahle zum Stechen von Löchern in den Flaschenboden
- Lochstanzer
- Gartenkies
- Einheitserde
- 4 Kräuterpflanzen wie Petersilie, Koriander, Estragon, Thymian, Oregano, Schnittlauch oder Basilikum
- Feste Schnur

Und so geht's:
Mit der Schere die obere Hälfte jeder Flasche abschneiden. Das Äußere der Flaschen mit Außenlack anmalen. Nach dem Trocknen der Farbe mehrere mindestens 3 mm breite Löcher in den Boden stechen. Mit dem Lochstanzer zwei Löcher unter den oberen Rand der Flaschen stanzen.

Eine Lage Kies auf den Boden jeder Flasche streuen. Außerdem Kies im Verhältnis von etwa 1:4 in das Substrat mischen. Die Flasche zur Hälfte mit der Kies-Substrat-Mischung füllen. (Kies erhöht die Durchlässigkeit der Erde, was gerade für Kräuter wichtig ist, die Staunässe nicht vertragen.) Die Kräuter in das Substrat pflanzen. Erde gut andrücken. Weitere Flaschen mit Substrat füllen. Alles gut wässern. Schnüre durch die gestanzten Löcher ziehen und die Gefäße an einen sonnigen Platz hängen.

Tipp

Werfen Sie die obere Hälfte der zerschnittenen Flaschen nicht weg. Man kann sie mit der Öffnung nach unten neben großen, durstigen Gewächsen wie Tomaten in die Erde stecken und beim Gießen füllen. Dadurch gelangt das Wasser auch tatsächlich nach unten zu den Wurzeln und verdunstet nicht schon an der Oberfläche.

Inspiration

MIKES FEUERLEITER IN MANHATTAN

Wenn Ihnen Ihr Platz auf dem Balkon nicht reicht, denken Sie einfach nur: »Was würde Mike machen?« Der 30-jährige New Yorker Mike Lieberman hegt einen 90 x 60 cm großen Garten auf der Feuerleiter seiner Wohnung im 4. Stock eines Hauses in Manhattan. Als bekennender Stadtmensch hat er keinerlei Erfahrung vom Gärtnern, zeigt aber, was mit etwas Kreativität und Entschlossenheit möglich ist.

Jeder Quadratzentimeter seines »Freiraums« ist mit gebrauchten Essens- und Getränkebehältern gefüllt. Sie hängen von der Decke oder sind in den Stahlboden gesteckt. Keiner kommt auf die Idee, dass die bunten, mit Biofarbe lackierten Behältnisse in ihrem ersten Leben Mayonnaise oder Speiseeis enthielten. Doch Mike bringt auch alte Kaffeepäckchen und umgedrehte, halbierte Plastikflaschen als Blumenampeln zum Einsatz. Sie hängen von der Decke und sind farbenfroh bemalt. So ist ein vielfältiger, exzentrischer und bezaubernder Garten entstanden, der besonders dann begeistert, wenn er von Salat-, Kohl-, Mangold- und Ampferblättern förmlich überquillt.

Projekt

GEFÄSSE MIT PROFIL

Fahrradreifen geben vorzügliche Pflanzgefäße ab, denn sie speichern Feuchtigkeit, absorbieren obendrein die Sonnenwärme und sind daher ideal für durstige Südländerinnen wie Zucchini, Kürbisse, Chilis und Tomaten. Man kann sie so hoch stapeln, wie man will: Niedrige Aufbauten eignen sich bestens für Salate und einjährige Kräuter wie Koriander oder Basilikum, höhere eher für Pflanzen, die etwas Wurzelraum brauchen, z. B. Erdbeeren. Noch ein paar Reifen obenauf und man bekommt einen Lebensraum für Hänge-Tomaten, Kartoffeln und Busch-Bohnen.

Verwenden Sie abgefahrene Radreifen – entweder die aus Ihrer eigenen Garage oder solche, die Sie aus Fahrradgeschäften holen, wo jeden Tag Dutzende anfallen und man froh ist, sie los zu sein. Ideal sind die breiten Exemplare, da man von Mountainbikes beispielsweise wesentlich weniger Reifen braucht als von Rennrädern. Wer viel Platz hat, kann Reifen von Erwachsenenrädern stapeln, ansonsten verwendet man besser kleinere von Kinder- oder Klapprädern.

Bepflanzung: jederzeit, am besten aber April–Oktober
Sie brauchen:

- Mindestens 5 ausgemusterte Fahrradreifen
- Kabelbinder
- 1 schwarzer Müllsack aus Plastik
- Tonscherben oder Styroporstücke
- Schere oder Lochstanzer
- Einheitserde
- Pflanzen Ihrer Wahl (siehe oben)

Und so geht's:
Reifen aufeinanderstapeln, Seitenwände der Reifen mit der Schere oder dem Lochstanzer durchlöchern und mit Kabelbindern zusammenbinden, bis ein ausreichend hoher Stapel entstanden ist.

Das Innere des Stapels mit dem Müllsack ausschlagen und Abzugslöcher in den Boden der Folie stechen. Tonscherben oder Styropor auf dem Boden des Sacks auslegen. Sack mit Erde füllen und bepflanzen. Gut wässern und an einem sonnigen, geschützten Platz aufstellen.

Gefäße aus Reifen eignen sich vor allem für Sonnenanbeter wie Süßkartoffeln und Basilikum.

OLIVE
KALAMATA
eccelenti
ΕΚΛΕΚΤΕΣ
ΕΛΙΕΣ
ΚΑΛΑΜΩΝ
in salamoia
PESO NETTO
13 Kg

Reiche Ernte auf wenig Raum

Wie einfach das Leben früher doch war! Man wusste: Auf dem Land gibt es Wiesen und Felder, in der Stadt Läden und Büros. Hatten Städte Grünflächen, dienten sie ausschließlich zur Entspannung – Oasen im Häusermeer wie der Tiergarten in Berlin, die königlichen Parks von London oder der Jardin du Luxembourg in Paris. Das Letzte, was man in Innenstädten erwartete, waren Gemüsebeete.
Brokkoli, Kopf-Salat und Tomaten kannte man plastikverpackt aus dem Supermarkt und nicht aus Gärten zwischen Häuserzeilen oder gar auf Hochhäusern wachsend.

Bienenhaltung auf dem Dach des Palais Garnier, einer der zwei Pariser Opern.

Inzwischen aber hat sich einiges geändert. Der Anbau von Obst und Gemüse ist so beliebt wie nie zuvor – sogar im Herzen der Großstädte. Es gilt als schick, von der hervorragenden Süße frisch ausgegrabener Karotten zu schwärmen oder über alte Tomatensorten zu fachsimpeln. Immer mehr Gartennovizen begeistern sich für die Vorzüge der Obst- und Gemüsekultur auf dem eigenen Balkon – selbst wenn sie nur Platz für ein paar Kräuter oder einige von der Sonne gewärmte Bohnen haben. Im Liegestuhl zu lümmeln und mit einem Blick auf die Skyline eine perfekt ausgereifte Erdbeere zu naschen hat eben etwas für sich.

Manche geben sich aber nicht damit zufrieden, ihr eigenes Gärtchen Eden hoch droben zu hegen – sie haben das Anbaupotenzial der unzähligen Flächen um sie herum erkannt und wollen wesentlich mehr begrünen als nur ihren Balkon. Ins Visier nehmen sie unter anderem die vielen Hektar Dachflächen auf Büro-, Wohn- und Lagerhäusern. Allein in London gibt es 100 Quadratkilometer Flachdächer. Nach dem Willen der »neuen urbanen Landwirte« sollen aus diesen Ödnissen einmal Dachgärten werden, die Obst und Gemüse für Anwohner, Restaurants und Büroangestellte abwerfen.

Obwohl Dach- und Balkongärtner die Nachhaltigkeit der weltweiten Nahrungsmittelproduktion im Blick haben und Nutzpflanzen anbauen möchten, wollen sie auch, dass man Städte mit neuen Augen betrachtet und Häuserlandschaften in grünere, produktivere Räume umgestaltet.

Sie kultivieren jedoch nicht nur frisches Obst und Gemüse, sondern sammeln Regenwasser, legen Komposthaufen an, züchten Würmer und halten Bienen. In Manhattan werden Lagerhausdächer zu »Himmelsgärten«, in Vancouver und Chicago Restaurantdächer zu grünen Gärtnereien für frische Genüsse. Im Osten Londons soll sogar das Dach eines verwaisten Parkhauses mit halbtonnenschweren Erdtaschen in Gemüsebeete umfunktioniert werden – bei Häusern, die für Autos gebaut wurden, braucht man sich um zu hohe Belastungen keine Sorgen zu machen. Im russischen Sankt Petersburg bepflanzen Anwohner die Dächer ihrer Betonblocks mit Obst und Gemüse und teilen sich die Einnahmen aus dem Verkauf.

All diese jungen, umweltbewussten und doch urbanen »Freizeitgärtner« stehen an der Spitze einer Anbaubewegung, zu der sich jeden Tag mehr Menschen gesellen. Sie alle zeigen, wie man grüne Oasen hoch über dem Verkehr anlegt. Dabei muss man es gar nicht bei Obst und Gemüse belassen – sogar Bienenzucht ist möglich. Kein Zweifel: Es brummt in den Städten.

Stadtgärtner: jung, umweltbewusst – und dennoch echte Stadtkinder (rechts).

Nachhaltig gärtnern

Der Obst- und Gemüseanbau in Städten ist nicht nur ein trendiger Zeitvertreib oder ein Selbstdarstellungsprojekt privilegierter Ökojünger, er hat einen ganz konkreten Nutzen. Nach Ansicht vieler Fachleute wird die Landwirtschaft unseren Nahrungsmittelbedarf in der Zukunft nicht mehr decken können. Während die Ackerflächen mit jedem Jahr schwinden, wächst die Weltbevölkerung unaufhörlich weiter. Darüber hinaus gefährdet das Versiegen der Ölvorkommen traditionelle Anbaumethoden, die von Kraftstoff für die Bearbeitung und Düngung der Flächen sowie den Transport der Ernte über viele Tausend Kilometer abhängen. Die intensive Landwirtschaft hat zudem zu einer weitverbreiteten Zerstörung der Bodenstruktur geführt. Der Oberboden wird weggewaschen und die Nährstoffe müssen künstlich mit Düngemitteln zugeführt werden, deren Herstellung wiederum von der Ölindustrie abhängig ist. Ein Teufelskreis.

Hinzu kommt der Klimawandel mit immer unberechenbareren Wetterkapriolen zwischen Flut und Dürre – kein Wunder, dass wir die Versorgung der Menschheit pessimistischer denn je sehen. Bis die Wissenschaft alternative Energiequellen entwickelt hat, wird Öl immer teurer werden und auch die Nahrungsmittelpreise dürften steigen. Natürlich machen uns ein paar Töpfe mit Karotten nicht zu Selbstversorgern, aber es ist ein kleiner Schritt in die richtige Richtung. Das Bepflanzen von Dächern und Balkonen hat jedoch einen weiteren Vorteil: Die Gebäude bleiben im Sommer kühler, was die umweltschädlichen Auswirkungen »städtischer Wärmeinseln« dämpft, während gleichzeitig der Bedarf an energiefressenden Klimaanlagen sinkt.

Umgekehrt wirken begrünte Dächer in kühleren Gegenden wärmedämmend. Zusammen mit bepflanzten Balkonen speichern sie zudem – wenigstens vorübergehend – Regenwasser und reduzieren die Belastung von Abwassersystemen, insbesondere in großen Städten. Unterm Strich keine schlechte Bilanz für ein paar Obst- und Gemüsepflänzchen!

Wir erleben derzeit, dass sich eine neue Sichtweise auf unsere Städte entwickelt: Wir wollen nicht länger mit ungenutzten Flächen leben und gleichzeitig teure, nicht nachhaltig erzeugte Nahrung von weither einfliegen. Die Menschen wollen wissen, wo ihr Essen herkommt und wie es erzeugt wurde – und das erfährt man am besten, wenn man es selbst anbaut.

Der Umwelt zuliebe

Natürlich haben wir nicht alle ein leeres Lagerhaus oder einen Wohnblock parat, deren Dächer eine 15 Zentimeter dicke Erdschicht tragen. Dennoch kann man sich von den großen Projekten einiges für den eigenen Balkon oder die Dachterrasse abgucken. Ein beeindruckender Stadtgarten in den oberen Etagen ist auch in kleinem Maßstab möglich; er liefert nicht nur reichlich Köstlichkeiten frisch auf den Tisch, sondern nutzt auch der Umwelt, indem er die Nachhaltigkeit fördert, Regenwasser speichert, Kompost liefert oder vielleicht sogar einem Bienenvolk Platz bietet.

Bei der Auswahl der Bepflanzung konzentrieren sich angehende Stadtgärtner gerne auf ertragreiche Gemüsearten wie Grünkohl, Kartoffeln und Tomaten oder solche, die sich für eine sukzessive Ernte in mehreren Chargen pflanzen lassen. Auch wollen sie jeden Zentimeter Platz nutzen – mit Zwischen- und Unterpflanzungen sowie anderen Tricks, um möglichst viele Gewächse auf engem Raum unterzubekommen. Bei Gefäßen gilt die Faustregel: Je größer, desto besser. Wenn Sie genug Platz haben und die Tragfähigkeit des Balkons und Dachs es zulassen, können Sie sogar mit Hochbeeten arbeiten.

Inspiration

DACHTERRASSE ÜBER MANHATTAN

Von nicht vielen Bauernhöfen hat man einen Blick auf das Empire State Building. Aber Eagle Street ist auch kein normaler Bauernhof. Der 560 Quadratmeter große Biogemüsegarten erstreckt sich auf dem Dach einer stillgelegten Bagel-Fabrik in Brooklyn. Spinat, Karotten, Tomaten und Paprika nehmen hier ein Sonnenbad auf einer 10 bis 15 Zentimeter dicken Erdschicht. Hühner und Bienenvölker vervollständigen das scheinbare Landidyll. Sonntags findet ein Markt im Erdgeschoss statt, auf dem Nachbarn das kaufen können, was über ihren Köpfen wächst. Was übrig bleibt, endet in den Küchen naher Restaurants.

Die »Eagle Street Rooftop Farm« dient jedoch nicht allein der Versorgung von Anwohnern, sondern soll Städtern auch vor Augen führen, wie Nahrungsmittel erzeugt werden. Mitgründerin Annie Novak ist eine leidenschaftliche Verfechterin dieser Art der Stadtbegrünung: »Wenn ich mit dem Anbau von Obst und Gemüse auf dem Dach die Ansichten der Menschen über ihre Gesundheit und die Folgen der Landwirtschaft für unser Ökosystem verändern kann, bin ich glücklich, sie inmitten der Stadt heranzuziehen.«

Eine Bereicherung ist »Eagle Street Rooftop Farm« aber nicht nur, weil sie die Menschen zum Umdenken veranlasst und ihnen frische Radieschen beschert: Die Ableitung von Regenwasser stellt die Stadt New York vor große Probleme – und je mehr Dächer begrünt sind, desto besser ist es für die überlastete Kanalisation. Überhaupt hat Nachhaltigkeit einen hohen Stellenwert: Regenwasser wird zur Bewässerung aufgefangen, doch wässern von oben ist tabu, damit der Wind nur ja keinen einzigen Tropfen wegweht. Stattdessen setzt man auf Tröpfchenbewässerung oder Gießen von Hand. Alles Obst und Gemüse wird über einem Ablauf gewaschen, damit das Wasser wiederverwendet werden kann.

Perfekt ausgenutzt

So viel Nutzpflanzen wie möglich auf kleinem Raum unterzubringen – das ist das A und O des Balkongärtnerns. Wenn Sie die folgenden Tipps beachten, bleibt Ihr Mini-Garten immer in Schuss.

Extraernte mit Schnellstartern

Rasch wachsendes Gemüse wie Radieschen, Pflück-Salate und Erbsensprossen kann man gut an den Rand von Gefäßen säen, in denen größere, gemächlichere Nutzpflanzen wachsen, etwa Zucchini, Bohnen oder Erdbeeren. Die Zwerge nehmen ihren hohen Nachbarn nicht viel Platz und Nährstoffe weg und sind schon nach einem Monat erntereif, machen also bald Platz für die Hauptpflanze. Weiterer Vorteil: Das Fußvolk beschattet das Substrat und verringert so an heißen Tagen die Verdunstung.

Groß und Klein

Unterpflanzen Sie hohe Gewächse mit niedrigeren, schattenverträglichen Pflanzen. Eine clevere Kombination sind die »drei Schwestern« (rechts), bei denen zum Beispiel Stangen-Bohnen an Stützen in der Mitte wachsen, sodass daneben Platz für kompaktere Nachbarn wie Rucola und Petersilie bleibt und man ganz außen sogar noch hängendes Obst und Gemüse wie Erdbeeren oder Hänge-Tomaten unterbekommt.

Lückenlose Versorgung

Statt Pflanzen immer nur dann neu auszubringen, wenn die vorherigen abgeerntet sind, kann man eine Sorte genauso gut vorab in kleine Töpfe säen. So hat man stets frische Pflänzchen in petto, die den frei gewordenen Platz im Nu in Beschlag nehmen können.

Im Winter und zeitigen Frühjahr sät man sie dazu in Gefäße auf einer sonnigen Fensterbank aus. Besteht nicht mehr die Gefahr von Spätfrösten, tun es auch kleine Töpfe an einem geschützten Standort im Freien. Beim Ersetzen einer abgeernteten Pflanze gräbt man diese aus und schüttelt so viel wie möglich Erde von den Wurzeln ab. Dann füllt man das Gefäß mit frischem Topfsubstrat oder Erde aus dem Komposter auf, um die Nährstoffe aufzufrischen.

Loblied auf Zucker-Mais

Frische Maiskolben, die Minuten nach der Ernte in kochendes Wasser geworfen und mit reichlich Butter genossen werden, haben einen unvergleichlichen Geschmack. Sie schmecken herrlich süß, weil der Zucker noch keine Zeit hatte, sich, wie bei den Kolben aus dem Supermarkt, in Stärke zu verwandeln. Allerdings braucht man einen geschützten Standort für Mais, weil der Wind ihn umwerfen kann.
Am besten schmecken 'Golden Supersweet'- oder 'Tasty Sweet'-Sorten – allen voran 'Sweet Nugget' oder 'Mirai' mit 15 Zentimeter langen Kolben, die insbesondere von Kindern gern geknabbert werden.
Ausgesät wird ab April je ein Korn pro 9-cm-Topf in 2 cm Tiefe. Stellen Sie die Gefäße in ein sonniges Fenster und siedeln Sie die Pflänzchen im Juni oder Juli in größere Behältnisse um. Möglich ist aber auch eine Aussaat im Mai direkt an den endgültigen Standort. Mais wird vom Wind bestäubt und sollte daher in Gruppen und nicht in Reihen gepflanzt werden. Mehr als drei Exemplare haben in einem 30-cm-Topf nicht Platz.

Zucker-Mais wird gut gewässert und alle 14 Tage mit einem Tomatendünger versorgt. Die Reife der Kolben lässt sich testen, indem man mit dem Fingernagel in ein Korn drückt: Kommt Milchsaft heraus, kann der Kolben geerntet werden, ist der Saft klar, muss man noch ein paar Tage warten, bevor man die süßen Kolben genießen kann.

Projekt

DIE »DREI SCHWESTERN«

Die Kombination aus drei Nutzpflanzen in einem Topf ist eine Erfindung der amerikanischen Ureinwohner und heißt »drei Schwestern«, weil die Gewächse gegenseitig für sich sorgen. Der Mais dient den Bohnen als Stütze, die Bohnen reichern den Boden dafür mit Stickstoff an, was Mais und Kürbis gleichermaßen nützt. Der Kürbis wiederum beschattet den Wurzelraum und verhindert, dass das Substrat zu rasch austrocknet. Wenn Sie keinen kompakten Kürbis auftreiben, nehmen Sie eine kletternde Sorte. Bieten Sie ihr aber etwas, woran sie sich hochranken kann, sonst überwuchert sie bald den Boden außerhalb des Topfes.

Bepflanzung: Mai–Juli
Sie brauchen:

- Großer, leichter Topf, etwa aus Plastik, rund 60 cm Durchmesser
- Einheitserde
- 1 kleiner Kürbis (z. B. die Sorte 'Sunburst') oder 1 kleine Zucchini (z. B. 'Tuscany')
- 5 Zucker-Mais-Sämlinge
- 10 Kletter-Bohnen-Sämlinge

Und so geht's:
Topf mit Erde füllen. Den Kürbis in die Mitte pflanzen und die Maissämlinge gleichmäßig außen herum verteilen. Zwei Bohnensämlinge neben jeden Maissämling pflanzen und gut wässern.

Bohnentriebe während des Wachstums um die Maishalme schlingen. Topf an einen sonnigen, geschützten Standort stellen, gut wässern und alle 14 Tage düngen, sobald der Kürbis Früchte bildet.

Pflanzen-Top-Ten für Langzeiternten

Wenn Sie das folgende Gemüse den ganzen Sommer über mehrmals aussäen, dürfen Sie sich über eine lückenlose Versorgung freuen. Für eine kontinuierliche Ernte der folgend beschriebenen Gemüse brauchen Sie vier mittelgroße Gefäße (mindestens 30 cm Durchmesser), die mit Pflanzen in unterschiedlichen Wachstumsphasen bestückt sind. In einem durchschnittlich großen Hochbeet sät man dagegen alle zwei Wochen neu aus.

Rote Bete

Im Ofen gebackene Baby-Bete gehört, mit Feta und Kartoffeln serviert, zu typischen Frühsommergenüssen. Sät man mehrere Sätze sukzessive aus, kann man ernten, solange sie noch klein und damit sehr zart und süß sind. In dünne Scheibchen geschnitten, schmecken sie auch roh köstlich. Nicht vergessen: Die Blätter sind ebenfalls essbar – als Salat oder gedünstet.

Die Aussaat erfolgt in rund 4 cm Abstand in mittelgroße Gefäße an einem sonnigen Standort; alle zwei Wochen von April bis August. Geerntet werden die Knollen etwa tennisballgroß. Empfehlenswerte Sorten sind die winzige 'Pablo', ferner 'Pronto', 'Boltardy', 'Bull's Blood' (deren violette Blätter sich besonders für Salate eignen) und 'Tondo di Chioggia' mit konzentrischen Ringen im Fruchtfleisch.

Karotten

Siehe S. 48

Zwiebeln

Aus der Küche sind sie nicht mehr wegzudenken. Sie brauchen wenig Platz und, nachdem sie 1 cm tief in 3 cm Abstand gesät wurden, kaum Pflege. Geerntet werden sie nach Bedarf, indem man sie aus der Erde zieht.

Mangold

Siehe S. 39

Busch-Bohnen

Siehe S. 34

Blatt-Salat

Siehe S. 36

Spinat

Siehe S. 39

Rucola

Siehe S. 39

Radieschen

Siehe S. 39

Zucker-Erbsen

Mark- und Schalerbsen sind alles andere als ideal für den Anbau auf engem Raum, weil nach dem Schälen nicht mehr viele Erbsen übrig bleiben. Wesentlich besser eignen sich für die Topfkultur Zucker-Erbsen, denn diese kann man mitsamt der Hülse essen. Frisch schmecken sie so herrlich süß, dass man sie oftmals lieber sofort nascht, anstatt sie zu dünsten oder in der Pfanne anzubraten.

Man zieht sie in mittelgroßen Töpfen und Fensterkästen und lässt sie an dünnen Zweigen, Netzen oder gespannten Schnüren hochklettern. Weil sie sich mit Ranken festhalten, eignen sich Stützen mit glatter Oberfläche wie z. B. Bambusstäbe nicht. Eine andere Möglichkeit ist, sie in Blumenampeln zu ziehen, sodass sie nach unten hängen, statt zu klettern. Empfehlenswerte Zucker-Erbsen-Sorten sind 'Cascadia', 'Norli', 'Ambrosia', 'Rembrandt', 'Schneeflocke' und 'Zuccola'. Sie bleiben alle ziemlich klein, während 'Schweizer Riesen' relativ hoch wird.

Die Aussaat erfolgt von April bis September drinnen in Töpfe oder direkt nach draußen an einen sonnigen Standort in 5 cm Tiefe und mit 5 cm Abstand. Gut wässern. (Zur Kultur von Erbsensprossen für Salate siehe S. 39).

Inspiration

KLEINOD IM HÄUSERMEER

Der tosende Verkehr ist nur ein paar Meter entfernt, doch deutet in diesem Dachgärtchen im Norden Londons nichts darauf hin, dass gleich nebenan die Blechlawinen vorbeirollen. Das reizende Refugium zwischen tristen Hinterhoffassaden gehört zum »Acorn House«. Dieses Restaurant wurde von einer gemeinnützigen Organisation gegründet, die es sich zum Ziel gesetzt hat, mit Stadterneuerungsprojekten etwas gegen die Armut im Osten Londons zu tun. Der Dachgarten soll einerseits zeigen, dass das Restaurant sich zur Nachhaltigkeit verpflichtet hat, und andererseits Kochlehrlingen die Verbindung zwischen »Grün und Gabel« vor Augen halten. Nicht zuletzt dient die Oase jedem, der ein Stück Stadt in eine grüne Insel verwandeln möchte, als Vorbild.

Hohe Gefäße säumen die Ränder des Dachs. Sie bestehen aus robusten Kunststoffsäcken, die man mit Holzbrettern verkleidet hat. Am Ende eines schattigen Tunnels aus Stangen-Bohnen mit scharlachroten Blüten sonnt sich ein Spalierapfel an einer warmen Ziegelmauer. Brombeeren ziehen sich eine Bambushecke entlang, während Kürbisse mit dekorativem Laub ihren Herrschaftsanspruch gegenüber Tomatenbüschen mit noch grünen Früchten verteidigen. Ebenfalls vertreten sind Zucker-Mais, Artischocken, rosablütige Erdbeeren und ein Topf, der vor Zitronenverbenen überquillt. Kein Wunder, dass sich der stellvertretende Küchenchef John (siehe S. 93) wann immer möglich hierher flüchtet, um zu wässern, jäten oder auch einfach nur der Hitze am Herd zu entfliehen. »Hier oben ist es sehr idyllisch. Sogar Bienen schwirren herum«, schwärmt er und eilt auf der Suche nach reifen Köstllichkeiten von Frucht zu Frucht.

Die Kürbisse könnte er für Ravioli mit Walnüssen brauchen, die Tomaten für grüne Salsasauce oder einen Beilagensalat. Unumwunden gibt er zu, dass das Gärtchen sein Restaurant auf Dauer nicht allein versorgen kann. Eine Bereicherung aber ist es allemal.

Pflanzen-Top-Ten mit Ernterekorden

Manche Nutzpflanzen können wir noch so sehr verwöhnen, sie belohnen uns trotzdem nur mit einer mageren Ausbeute – ein Musterbeispiel für solche Zicken sind Auberginen. Andere fordern wenig Aufmerksamkeit, bedanken sich aber mit einer schier endlosen Fruchtschwemme. Diese unermüdlichen Gewächse sind die guten Geister des Gemüsereichs und wie geschaffen für alle, die einen Garten hoch oben anlegen möchten.

Dicke Bohnen

Diese Frühstarter bescheren schon zu Sommerbeginn Schmackhaftes und gehören mit ihren zauberhaften schwarz-weißen Blüten, deren Duft es sogar mit denen der Duft-Wicken aufnimmt, zu den feinsten Gemüsepflanzen überhaupt. Und wenn Sie eine Zwergsorte wie 'Windsor' pflanzen, gibt es wirklich keinen Grund mehr, Dicke Bohnen nicht in Töpfen zu ziehen.

Ausgesät werden sie im Herbst 5 cm tief mit 15 cm Abstand in Hochbeete, Töpfe oder Pflanzsäcke, doch ist auch eine Aussaat im zeitigen Frühjahr möglich. Werden die Pflanzen zu langtriebig, hält man sie mit Ruten und einer Schnur aufrecht. Ernten Sie die Hülsen erst, wenn sie ungefähr 15 cm lang sind. Dann aber dürfen Sie sich auf einen Genuss sondergleichen freuen – ob gedünstet und anschließend aus der Schale geholt oder in warmen Salaten mit Feta sowie den ersten Kartoffeln und Roter Bete der Saison kombiniert. Essbar sind auch die Triebspitzen, die man leicht dünstet; sie erinnern an Spinat. Besser kann man die Saison nicht einleiten!

Stangen-Bohnen

Stangen-Bohnen mit von Bienen umschwärmten rosa oder roten Blüten und langen, flachen Hülsen nehmen es mit jeder Zierpflanze auf. Zudem sind sie nicht nur überaus entgegenkommende Gemüselieferanten, die vom Hochsommer bis weit in den Herbst hinein Bohnen am laufenden Band ansetzen, sie bilden mit ihren herzförmigen Blättern und dem rankenden Wuchs auch eine grüne Kulisse, die jedes Geländer und Rankgitter in Beschlag nimmt.

Man sät Stangen-Bohnen im Frühsommer rund 5 cm tief in 5 cm Abstand direkt an ihren endgültigen Standort – im Topf, Hochbeet oder Pflanzsack mit mindestens 30 cm Durchmesser. Gestehen Sie ihnen entweder ein Stangenzelt zu oder setzen Sie die Pflänzchen neben eine Stütze, an der sie sich hochranken können. Sobald sie deren oberes Ende erreicht haben, zwickt man die Triebspitzen ab, um sie zur Bildung von Seitentrieben anzuregen. Stangen-Bohnen brauchen viel Sonne, liefern aber sogar im Schatten eine ordentliche Menge an Hülsen. Regelmäßiges Abernten erhöht den Ertrag.

Empfehlenswert sind die bewährte alte Sorte 'Painted Lady' mit hübschen roten und weißen Blüten, 'Scarlet Emperor' und 'Red Rum'. Wässern Sie gut und verwöhnen Sie Ihre Exemplare alle 14 Tage mit einem Flüssigdünger, sobald sich die Hülsen bilden.

Tomaten

Siehe S. 30

Projekt

SPANNUNGSBOGEN MIT BOHNEN

Wenn Sie begrenzten Raum optimal nutzen möchten, versuchen Sie es einmal mit einem Tunnel, einem Bogen oder einer Pergola aus Nutzpflanzen. Solche Konstruktionen sind nicht nur nützlich, sondern auch ein stimmungsvolles, dekoratives Gestaltungselement, in dessen Streuschatten man es sich gern gemütlich macht. Dabei müssen sie gar nicht auf Dauer angelegt werden oder sehr stabil sein: Busch-Bohnen, Kürbisse und Gurken geben sich sogar mit Bambusstäben zufrieden, wie man hier sieht.

Bepflanzung: April–Juli
Sie brauchen:

- 2 tiefe Pflanzkästen mit jeweils mindestens 1 m Länge
- 11 mindestens 2 m lange Bambusstäbe
- Samen von Stangen-Bohnen (siehe S. 91)
- Schnur
- Einheitserde
- Stuhl oder Stehleiter

Und so geht's:
Pflanzkästen mit mineralischer Erde füllen und im Abstand von etwa 2 m aufstellen. In beide Kästen fünf Bambusstäbe in gleichmäßigen Abständen in die Erde stecken. Stellen Sie sich auf einen Stuhl oder eine Leiter, um die oberen Enden der gegenüberliegenden Stäbe so zusammenzubinden, dass fünf Paare entstehen. Den letzten Stab quer obenauf legen und jedes Paar so daran festbinden, dass man eine tragfähige Struktur erhält. Bohnen am Fuß der Stäbe aussäen (Hinweise zur Aussaat und Kultur siehe S. 91).

Zucchini

Siehe S. 49

Mangold

Mangold gehört zu den ertragreichsten Gemüsepflanzen: Wenn man immer nur die äußeren Blätter erntet, liefert ein Exemplar bis zu neun Monate lang Nachschub. Wer obendrein Sorten wie 'Bright Lights' oder 'Rainbow' mit gelb, violett und rosa gefärbten Stielen zieht, kann sich über eine Bereicherung seines Balkongrüns freuen, die es mit jeder Zierpflanze aufnehmen. Stiel-Mangold mit weißen Stielen bleibt zwar eher unscheinbar, schmeckt aber etwas besser. Man dünstet die Blätter wie Spinat und genießt sie mit reichlich Butter und schwarzem Pfeffer oder übergießt sie mit Käsesauce und überbackt sie im Ofen. Die Stiele werden länger gekocht – in Butter getaucht machen sie geschmacklich sogar Spargel Konkurrenz – oder gehackt Risotto hinzugefügt. Die Aussaat erfolgt in kleine Töpfe ab April. Ende des Frühjahrs pflanzt man Mangold in ein Hochbeet, einen Topf oder einen Fensterkasten an einem sonnigen Standort um. Ideal ist ein Abstand von 20 cm.

Kartoffeln

Siehe S. 33

Chilis

Siehe S. 50

Knoblauch

Schon erstaunlich, wie unproblematisch sich eine Menge an Knoblauch heranziehen lässt. Selbst auf einem kleinen Balkon finden ein paar Töpfe Platz. Jeder versorgt Sie mit gut und gern zehn Zwiebeln, die Sie in Ihrer Küche trocknen und Monate aufbewahren können. Eine Lagersorte wie 'Solent' wird im Hochsommer geerntet und hält sich bis zum darauffolgenden Sommer. Auch der klassische südfranzösische Knoblauch – die weiße, höckerige 'Albigensian Wight' – liefert viele Monate schmackhafte Zehen. Die Sorte 'Early Purple Wight' ist schon im späten Frühjahr so weit und begeistert mit köstlich frischem Geschmack. Pflanzen Sie keine Exemplare aus dem Laden, denn sie sind womöglich nicht für Ihr Klima geeignet. Besser fährt man mit Angeboten aus dem Gartencenter oder von Fachhändlern.

Stecken Sie Knoblauch im Frühjahr oder Herbst. Dazu werden die einzelnen Zehen im Abstand von etwa 15 cm so in die Erde von Hochbeeten, Töpfen oder Fensterkästen gedrückt, dass die Spitze knapp unter der Oberfläche sitzt. Wässern Sie gut und ernten Sie, sobald die Blätter gelb werden. Graben Sie vorher aber probehalber eine Knolle aus, bevor Sie alles aus dem Boden holen.

Knoblauch kann natürlich frisch verzehrt werden, aber wer ihn lagern möchte, hängt ihn etwa drei Wochen lang an einen warmen, trockenen Platz und wartet, bis die Triebe sich papierartig anfühlen. Dann flechtet man die Zwiebeln zu einem Zopf und hängt ihn in die Küche.

Grünkohl

Das erdige Kohlgewächs ist ein wahres Hochleistungsgemüse: Man kann seine Blätter vom Spätsommer bis in das späte Frühjahr hinein ernten. Grünkohl schmeckt in Suppen, als Beilage oder in Eintöpfen. Schädlinge kennt er kaum, doch können sich Tauben über ihn hermachen und ihn kahlfressen, was man mit Vogelnetzen verhindert.

Die Sorte 'Black Tuscany', auch Palmkohl genannt, zeichnet sich durch dunkle, grob strukturierte Blätter aus, während 'Red Russian' mit roter Mittelrippe so weich ist, dass man die Blättchen sogar roh in Salaten knabbern kann. 'Redbor' trägt krause Blätter und fällt durch eine tief burgunderrote Farbe ins Auge.

Grünkohl wird im späten Frühjahr in kleine Töpfe gesät und im Hochsommer in Hochbeete, Töpfe oder Fensterkästen umgesetzt, wo er mit 20 cm Abstand weiterwachsen kann. Drücken Sie den Ballen gut fest. Probeweise zieht man an einem Blatt: Reißt es, bevor die ganze Pflanze entwurzelt, steckt sie fest genug im Substrat.

Himbeeren

Dieser Beerenstrauch braucht einen Topf mit mindestens 45 cm Durchmesser. Wer dafür Platz hat, sollte seinen »Balkonbauerngarten« auf jeden Fall mit einem Exemplar bereichern: Sie werden staunen, wie viele Beeren schon wenige Ruten abliefern. Man peppt mit den Früchten Müsli und Eis auf oder nascht sie frisch vom Strauch – ein beeriger Genuss!

Pflanzen Sie Himbeeren im Herbst am besten in Einheitserde Typ T, denn sie bleiben mehrere Jahre in ihrem Gefäß und brauchen ein Substrat, das seine Nährstoffe nur langsam freigibt. Zur Not tut es aber auch Universalerde. Nach dem Pflanzen mulcht man mit Kies oder ähnlichem Material, denn Himbeeren wurzeln flach und trocknen daher rasch aus.

Wählen Sie Sorten speziell für die Topfkultur, etwa 'Autumn Bliss', 'Glen Ample' oder die gelbe 'Fallgold'. Sobald die Beeren erscheinen, brauchen sie alle 14 Tage einen Kalidünger. Geerntet werden kann vom Spätsommer bis in die Herbstmitte hinein. Im Spätwinter schneidet man alle Ruten bis zum Boden zurück und mulcht mit frischem Garten- oder Wurmkompost.

Gemüse-Verführungen

Ganz so ertragreich wie die Obst- und Gemüsesorten auf den vorangegangenen Seiten sind diese Gewächse nicht, doch lohnt sich ihr Anbau nicht minder, denn sie schmecken unvergleichlich gut.

Paprika

Die wärmeliebenden Pflanzen brauchen den sonnigsten, geschütztesten Platz, damit die Früchte gelb und rot werden. Man kann sie also wie Exoten behandeln. In unseren Breiten sollte man trotzdem damit rechnen, dass eine Pflanze nur zwei oder drei Früchte bildet, die noch im Herbst grün sind.

Ausgesät werden Paprika wie Tomaten (siehe S. 30) im zeitigen Frühjahr auf einer sonnigen Fensterbank. Erst Anfang Sommer siedelt man sie in Töpfe, Hochbeete, größere Fensterkästen oder (zu dritt) in Pflanzsäcke um. Gutes Gießen ist unerlässlich. Ebenso eine

wöchentliche Nährstoffgabe in Form eines Flüssigdüngers nach dem Ansatz der Früchte. Weil die Gewächse recht lang werden können, stützt man sie mit Ruten oder bindet sie an eine Stütze.

Für die Topfkultur zu empfehlen sind die Sorten 'Redskin' und 'Antohi Romanian'.

Auberginen

Auberginen bereichern mit ihren violetten Blüten, den behaarten Blättern und glatten, schwarz-violetten Früchten, die wie Schätze dunkel und glänzend von den Trieben hängen. Leider lässt sich das exotisch anmutende Gemüse in kühleren Klimazonen nur schwer zur Reife bringen. Beste Ergebnisse erzielt man in unseren Breiten mit Zwergsorten wie 'Orlando', 'Ophelia' und 'Bambino'. Wer in Weinbaugebieten wohnt, kann es auch mit 'Madonna', 'Black Beauty' oder 'Rosa Bianca' probieren, einer Sorte mit zartrosa und weißer Schale.

Auberginensamen werden im zeitigen Frühjahr drinnen in kleine Töpfe gesät und im Juni oder Juli nach draußen umgesetzt, wo sie in großen Töpfen oder Pflanzsäcken (je zwei Sämlinge pro Sack) an einem sonnigen Standort weiterwachsen können. Man kann aber auch Pflänzchen kaufen und im späten Frühjahr gleich draußen auspflanzen. Nährstoffe gibt man erst, wenn die Früchte golfballgroß sind – ideal ist ein kalireiches Präparat. Zwergsorten erntet man mit 5 bis 10 cm Länge. Auberginen werden in Ratatouille verwertet oder als Spieße mit Halloumi-Käse und Zucchini gegrillt.

Gurken

Es lohnt sich, Gurken selbst zu ziehen. Eigenproduktionen sind wesentlich fester und schmackhafter als die wässrigen Supermarktversionen. Zwergsorten wie 'La Diva' und 'Iznik' eignen sich besonders gut für die Topfkultur. Man erntet sie mit ungefähr 10 cm Länge und schneidet sie in längliche Sticks, um sie in erfrischenden Getränken wie Pimm's (bekanntes alkoholisches Getränk in Großbritannien) oder Zaziki und griechischen Salaten einzusetzen.

Man kauft die Pflänzchen im April oder sät sie im März in der Wohnung in 9-cm-Töpfe. Als endgültigen Standort wählt man Gefäße mit mindestens 30 cm Durchmesser oder Pflanzsäcke. Sobald die Pflanze fünf Blätter hat, zwickt man die Triebspitze ab, um sie zu einem buschigen Wuchs anzuregen. Die Triebe werden an ein Stangenzelt, ein Rankgitter oder eine andere Stütze gebunden. Gedüngt wird alle 14 Tage mit einem kalireichen Präparat.

Gurken, Marke Eigenbau, sind fester und viel schmackhafter als Supermarktware.

Inspiration

MIT WINDIGEM RAHMEN: EIN »ESSBARES« BÜRODACH

Die Londoner Skyline breitet sich am Horizont aus, während sich darunter der Regent's Canal schnurgerade streckt und vom nahen Bahnhof King's Cross aus die Eurostar-Züge nach Paris eilen. Gänse ziehen an Grünkohl, Mangold und Kopfkohl vorbei, die in hübschen Pflanzgefäßen aus geflochtenen Weidenruten um die Gunst des Stadtgärtners buhlen. Die Erdbeeren kauern noch unter einer Schneedecke, doch die kecken Knospen von Stachelbeeren und Schwarzen Johannisbeeren sagen schon jetzt eine gute Saison voraus. Im Sommer ist es dann so weit: Der Dachgarten quillt über vor Tomaten, Zucchini, Salaten und Busch-Bohnen. Fiedriges Karottenlaub reckt sich selbstbewusst über die Weidenkörbe. Wer die Oberfläche der Erde wegkratzt, kann weiße Schätze – Kartoffeln der Sorte 'Milva' – im Substrat entdecken. Hier soll das Dach einer internationalen Consultingfirma sein? Man würde es nicht glauben, sähe man nicht gelegentlich Angestellte im Anzug, die sich eine kurze Verschnaufpause beim Jäten der Beete oder beim Pflanzen einiger Sämlinge gönnen.

Wie sehr man hier oben auf Nachhaltigkeit und Umweltschutz setzt, ist allenthalben zu erkennen. Vier Tonnen fangen den Regen auf, der auf ein kleines Schrägdach fällt; sie liefern rund 30 Prozent des Gießwassers. Komposter sorgen dafür, dass Abfälle dem Boden wieder in Form von Nährstoffen zugeführt werden können und jene Pflanzen düngen, die in der Kantine weiter unten auf den Tisch kommen. Ein geschlossener Kreislauf.

Obst und Gemüse tanken hier auf dem Dach reichlich Sonne und genießen es sichtlich. Man muss sie aber vor dem Wind schützen, der hier ständig weht und so kräftig werden kann, dass sogar die Gartenmöbel an das Geländer gekettet werden müssen. Weil die örtlichen Bauvorschriften Windschutzwände nicht zulassen, war ein Improvisieren notwendig. So hat man nicht nur das Substratniveau in den Gefäßen relativ niedrig gehalten, damit die Pflanzen schon von den Wänden der Töpfe etwas geschützt werden, man hat auch die Hochbeete mit niedrigen geflochtenen Blenden gesäumt. Dicke Mulchschichten verhindern ein zu rasches Austrocknen der Erde durch den Wind.

Selbst bei der Auswahl der Sorten hat man dem ständigen Luftzug Rechnung getragen. Zwergige Busch- und Stangen-Bohnen fühlen sich hier wohl, aber kletternde Züchtungen sucht man vergebens – sie wären binnen kürzester Zeit zerfleddert. Niedrigen Erdbeeren, Salaten und Kartoffeln dagegen kann der Wind ebenso wenig anhaben wie robusten Himbeer- und Johannisbeersträuchern, Rosmarin und Thymian.

EMPFEHLUNGEN FÜR WINDIGE BALKONE

- Kräuter: Lorbeer, Rosmarin, Thymian, Oregano, Schnittlauch, oder Petersilie
- Radieschen
- Rucola
- Blatt-Salate
- Busch- und Stangen-Bohnen (niedrige Sorten)
- Lauch
- Karotten
- Zwiebeln
- Mangold
- Pak Choi
- Grünkohl
- Erdbeeren
- Heidelbeeren
- Goji-Beeren
- Knoblauch
- Oliven
- Rote Johannisbeeren
- Stachelbeeren
- Himbeeren
- Kartoffeln

Projekt

WINDSCHUTZ FÜR PFLANZEN

Balkone und Dächer sind von Haus aus mehr Wind ausgesetzt als Gärten am Boden. Zum einen liegen sie ungeschützt in luftiger Höhe, zum anderen wird der Wind dadurch beschleunigt, dass er sich zwischen hohen Gebäuden hindurchzwängen muss. Das setzt den Pflanzen zu und trocknet zudem das Substrat schneller aus. Flechtwände aus Bambus, Gras oder Weide bremsen den Wind oft wirkungsvoller aus als feste Barrieren, denn sie filtern ihn, anstatt ihn über die Begrenzung zu zwingen, hinter der er umso kräftigere Wirbel bildet. Auch gut platzierte immergrüne Sträucher wie Buchs, Rosmarin, Ölweiden oder Gräser und mit Kletterpflanzen begrünte Rankgitter bieten Schutz.

Wer Hochbeete hat, kann die Gewächse darin mit einem niedrigen Zäunchen aus geflochtenen Weidenruten oder ähnlichen Hindernissen am Beetrand zusätzlich vor Wind bewahren. Topfpflanzen setzt man relativ tief, sodass schon der Rand des Gefäßes einen gewissen Schutz bietet. Eine Mulchschicht aus Komposterde oder anderen organischen Materialien auf dem Substrat verringert die Verdunstung von Wasser.

Projekt

MINI-HOCHBEET MIT ANBAU

Auf großen Balkonen und Dachterrassen nutzen Sie den verfügbaren Platz optimal, indem Sie flache Hochbeete mit einer Länge und Breite von 1 m sowie einer Höhe von 15 cm anlegen. Für kleine Balkone gibt es im Handel vorgefertigte Mini-Hochbeete. Sie bestehen meist aus leichten Pflanzsäcken (siehe oben, links) die man in dekorative Übertöpfe stecken kann. Bevor Sie größere Ausführungen installieren, sollten Sie zuerst einen Fachmann fragen, ob der Balkon bzw. Dachgarten die Last trägt und an welcher Stelle sie positioniert werden soll.

Ein Hochbeet aus Brettern zusammenzunageln geht ganz einfach, doch kann man sich auch Bausätze besorgen. Sie bestehen im Wesentlichen aus einem rechteckigen Rahmen ohne Boden, den man einfach zusammensteckt. Ideal sind Ausführungen aus Kunststoff, da sie wenig wiegen und innerhalb von Minuten ohne Werkzeug aufgebaut sind. Zudem lassen sich mehrere Module kombinieren, sodass man sie zu einem besonders hohen Hochbeet stapeln kann, falls die Statik es zulässt. Als Erweiterungen gibt es Insektengitter und Vliesaufsätze, mit denen Sie Ihre Gewächse vor Schmetterlingsraupen und Kälte schützen können.

Vor dem Aufstellen eines Hochbeets prüft man zunächst, ob der Belag des Balkons oder Dachgartens wasserdicht und leicht abgeschrägt ist. Alle vorschriftsmäßig errichteten Dächer und Balkone, selbst die scheinbar »flachen«, haben eine leichte Neigung, damit Regenwasser gut ablaufen kann. Der Ablauf darf nicht blockiert sein.

Um die Durchlässigkeit Ihres Hochbeets zu erhöhen, können Sie Maschendraht auf einen Rahmen von der Größe des Hochbeets spannen und auf den Boden des Hochbeets legen, sodass ein kleiner Abstand zwischen dem Substrat und dem Boden Ihres Balkons beziehungsweise Dachs bleibt. Auf den Maschendraht legt man ein Unkraut unterdrückendes Vlies (in manchen Hochbeetbausätzen ist so etwas bereits enthalten). Es verhindert, dass Erde durch das Gitter nach unten fällt und den Boden verschmutzt.

OBST UND GEMÜSE FÜR HOCHBEETE

Für 15 cm hohe Hochbeete:

- Blatt-Salat und andere Salate
- Erdbeeren
- Zwerg-Busch-Bohnen
- Stangen-Bohnen
- Kletternde Busch-Bohnen
- Karotten mit runder Wurzel
- Knoblauch
- Zwiebeln, Schalotten
- Zucchini
- Hänge-Tomaten
- Asia-Salate (Mizuna, Mibuna)
- Erbsen
- Radieschen
- Spinat
- Basilikum, Schnittlauch, Koriander, Kerbel, Dill, Oregano, Minze, Thymian
- Essbare Blüten, z. B. Kapuzinerkresse, Ringelblumen, Veilchen

Für 20 cm hohe Hochbeete:

- Strauch- und Rispen-Tomaten
- Dicke Bohnen
- Grünkohl
- Kopfkohl
- Auberginen
- Mangold
- Kürbisse
- Gurken
- Knollen-Fenchel
- Lauch
- Pastinaken
- Paprika
- Chili
- Speiserüben
- Melonen
- Rosmarin, Salbei, Estragon, Petersilie

Für 30 cm hohe Hochbeete:

- Kartoffeln
- Zucker-Mais
- Rote Bete
- Karotten
- Rhabarber
- Obstbäume
- Kiwi
- Johannisbeeren
- Himbeeren
- Stachelbeeren
- Heidelbeeren
- Lorbeer

Welche Erde ist für Hochbeete ideal?

Da ein Hochbeet in Balkongärten so leicht wie möglich sein soll, vermeidet man schwere Substrate mit hohem Lehmanteil. Empfehlenswert ist gute Einheitserde mit einer Mulchschicht aus organischem Material, das die Verdunstung von Feuchtigkeit verringert. Um die Fruchtbarkeit des Bodens zu erhalten, werden die Pflanzen regelmäßig gedüngt und mindestens einmal im Jahr mit einer dicken Schicht organischer Substanz in Form von Gartenkompost oder Wurmdung versorgt. Zudem arbeitet man jedesmal, wenn man eine Pflanze aus der Erde nimmt, eine Kelle organischer Substanz ein.

Mangelware Wasser – sparsame Pflanzen

Wenn Sie keinen Wasserhahn auf Ihrem Balkon oder Dachgarten haben und auch in der Wohnung kein geeigneter Anschluss vorhanden ist, kann das Gießen eine rechte Plackerei werden. Mehrmals täglich mit einer schweren Kanne durch die Zimmer zu stapfen macht niemandem Spaß. Vielleicht lohnt sich die Installation eines Hahns oder sogar das Auffangen von Regenwasser in Eimern bzw. großen, flachen Gefäßen. Ist all das nicht möglich, lassen Sie am besten die Finger von durstigen Gewächsen wie Kartoffeln, Erdbeeren, Tomaten, Auberginen, Paprika, Gurken, Feigen, Zucchini und Himbeeren, denn sie müssen bei Hitze täglich getränkt werden. Hier einige Gemüse- und Obstarten, die mit relativ wenig Wasser auskommen und lediglich nach dem Einpflanzen oder Säen so richtig durchgeweicht werden müssen.

GENÜGSAME PFLANZENVERTRETER

- Rote Bete
- Karotten
- Spinat
- Mangold
- Grünkohl
- Speisezwiebeln
- Erbsen
- Knoblauch
- Oliven
- Zucker-Mais
- Artischocken
- Goji-Beeren
- Essbare Blüten, z. B. Kapuzinerkresse, Ringelblume und Veilchen
- Physalis (rechts)
- Kräuter: Lorbeer, Rosmarin, Bronze-Fenchel, Thymian, Salbei, Oregano, Zitronenverbene

Pflanzen für schattige Balkone

Nicht alle Balkone haben acht Stunden am Tag Sonne. Manche werden von hohen Gebäuden beschattet, andere liegen in einem ungünstigen Winkel zur Sonne. Welche Pflanzen aber vertragen etwas Schatten? Als Faustregel kann man sich merken: Was Früchte trägt, braucht Sonne, was essbare Blätter austreibt, kommt mit weniger Licht zurecht. Ein paar Schattenwesen wie Minze und Ampfer mögen es sogar dunkel. Hier einige Beispiele.

DIE BESTEN SCHATTENPFLANZEN

- Blatt-Salate
- Stangen-Bohnen
- Brombeeren (ganz rechts)
- Rote und Schwarze Johannisbeeren
- Stachelbeeren
- Rucola (unten)
- Himbeeren
- Taybeeren
- Ampfer
- Erbsen (rechts)
- Rote Bete
- Radieschen
- Mangold
- Spinat
- Petersilie
- Sauer-Kirsche

Obstbäume im Kleinformat

Nichts verwandelt eine städtische Dachterrasse wirkungsvoller in ein grünes Paradies als ein »Hain« aus Obstgehölzen in Kübeln. Ein besonderes Schauspiel liefern die Bäume, wenn sie in voller Blüte stehen und von Bienen umschwärmt werden oder dick mit Früchten behangen sind. Selbst auf einem winzigen Balkon lohnt sich ein Obstbäumchen – ganz gleich, ob es sich um eine einzelne Säulenbirne handelt oder um eine Abordnung von Pfirsichen, Aprikosen, Pflaumen und Äpfeln, die in Fächerform eine Terrasse rahmen.

Obstgehölze haben das ganze Jahr etwas zu bieten – angefangen von einer ansehnlichen Wintersilhouette über ein Dekor aus Frühlingsblüten und sommerlichem, schattenwerfendem Grün bis hin zu einer überbordenden Pracht sonnengewärmter Früchte.

Von Säule bis Fächer

Obstbäume kommen bestens mit Töpfen zurecht, solange sie auf einer schwachwüchsigen Unterlage veredelt werden. Man zieht sie entweder als traditionellen Hochstamm oder probiert spezielle Erziehungsformen an der Wand aus. Die Gehölze profitieren normalerweise von der Wärme der Mauer, die die Sonnenstrahlen speichert, und tragen oftmals reichlicher als Gehölze mit traditioneller Rundkrone.

Die ideale Wuchsform für Balkone ist der Säulenbaum (auch Ballerina genannt). Selbst auf kleinsten Raum findet er noch Platz, besteht er doch lediglich aus einem einzelnen aufrechten, rund 1,8 m hohen Stamm. Er trägt nur kurze Seitentriebe, an denen sich im Sommer die Früchte bilden und muss kaum geschnitten werden. Hübsch sehen Bäume in U-Form aus, am dekorativsten aber ist wohl die Doppel-U-Form.

Wenn auf Ihrer Terrasse oder dem Balkon reichlich Wandfläche zur Verfügung steht, können Sie die Gehölze auch als Fächer ziehen. Die Triebe wachsen dabei ganz nah an der von der Sonne aufgeheizten Mauer und liefern himmlische Früchte. (Ein Fächerbaum braucht in der Horizontalen ungefähr 1,8 m Platz.) Als Fächer eignen sich Feigen, Pfirsiche, Aprikosen, Kirschen und Pflaumen. Äpfel und Birnen dagegen zieht man meist als Spaliere oder als Doppel-U-Form.

Sowohl für die Fächer- als auch die Spaliererziehung spannt man Drähte parallel vor der Wand und bindet die Triebe daran fest oder nutzt Geländer als Stütze. Sie können Ihre Bäume selbst erziehen, wesentlich einfacher indes ist es, sie schon als fertige Fächer oder Spaliere zu kaufen. Sie kosten zwar mehr als ungeformte Exemplare, aber da sie über viele Jahre hinweg Früchte liefern, lohnt es sich, anfangs etwas mehr zu investieren.

Fragen Sie zur Sicherheit immer beim Anbieter nach, ob man mehr als einen Baum für eine gute Bestäubung braucht. Manche Obstgehölze, z. B. Kirschen, Aprikosen und Pfirsiche, sind selbstbefruchtend – es genügt also ein einziger Baum. Äpfel und Birnen hingegen brauchen einen Partner in der Nähe, damit die Bestäubung gewährleistet ist. Wenn Sie nur Platz für ein einziges Exemplar haben, nehmen Sie einen Baum, auf dessen Unterlage drei Sorten veredelt wurden.

Die besten Zehn: Frucht-Zwerge zum Naschen

Apfel
Der Obstbaum schlechthin! Er kann wahlweise als Busch mit schwachwüchsiger Unterlage, als Spalier oder Ballerina, in U-Form und als Doppel-U gezogen werden. Schmackhafte Tafelapfelsorten sind 'Discovery', 'Fiesta' und 'Gala', die sich alle selbst befruchten. Ebenfalls empfehlenswert: 'Polka', 'James Grieve', 'Braeburn', 'Worcester Pearmain' und 'Cox'. Als Kochäpfel eignen sich 'Bramley', 'Newton Wonder' und 'Lord Derby'. Wo es besonders eng zugeht, kann man auch ein Exemplar ziehen, auf das gleich drei Sorten veredelt wurden.

Birne
Reife Birnen sind eine wahre Götterfrucht. Weil der Baum aber früh blüht, wird die Ernte mitunter durch Spätfröste beeinträchtigt. Auf Nummer sicher geht man, wenn man blühende Zweige bei Minustemperaturen mit Vlies abdeckt. Gezogen werden Birnen als Busch auf einer schwachwüchsigen Unterlage oder als Spalier, Ballerina, in U-Form und als Doppel-U. Gute Tafelsorten sind 'Beurre Hardy', 'Concorde' und 'Doyenné du Comice'. Wie bei Äpfeln lohnt es sich, nach mehrfach veredelten Exemplaren mit drei Sorten Ausschau zu halten.

Kirsche
Kirschen sind selbstbefruchtend; man braucht also nur eine einzige Pflanze, um reiche Ernten einzufahren – sofern man es schafft, Vögel fernzuhalten. Mitunter ist ein Netz die einzige Möglichkeit, die hungrigen Schnäbel abzuwehren. Keinen Fehlgriff macht man mit Sorten wie 'Stella' und 'Sunburst'. Steht nur eine schattige Nordmauer zur Verfügung, entscheidet man sich am besten für eine als Fächer gezogene Sauer-Kirsche, deren säuerliche Früchte vor allem in der Küche gute Dienste leisten.

Pflaume
Die anspruchslosen Gehölze liefern einen hohen Ertrag. Sie brauchen kaum geschnitten zu werden – bei Bedarf im Sommer, um Pilzinfektionen zu vermeiden, und sind selbstbefruchtend. Allerdings sollte man die unreifen kleinen Früchte auf etwa 5 cm Abstand ausdünnen, sonst bekommt man in einem Jahr eine wahre Schwemme und im nächsten kaum eine Pflaume. Die Gehölze werden als Busch auf schwachwüchsigen Unterlagen oder als Fächer erzogen. 'Königin Victoria' liefert auch im Schatten einen ordentlichen Ertrag.

Pfirsich und Aprikose
Wenn Sie das erste Mal einen reifen Pfirsich oder eine Aprikose frisch vom Baum genossen haben, werden Sie nie wieder darauf verzichten wollen. Wie bei allen Kübelpflanzen brauchen Sie ein Exemplar mit schwachwüchsiger Unterlage. Eine gute zwergwüchsige Pfirsichsorte ist 'Bonanza', während bei den Aprikosen 'Kuresisa' und 'Aprigold' empfohlen werden können. Die Sorten lassen sich als Solitäre in Töpfen mit leichten Schnittmaßnahmen pflegen oder als Fächer ziehen.
Pfirsiche und Aprikosen sind zwar winterhart, da sie aber früh blühen, leiden ihre Blüten oft unter Spätfrösten. Wird es einmal sehr kalt, bringt man Solitäre nach drinnen und deckt Fächer ab. Die Bäume sind selbstbefruchtend, doch schadet es nicht, wenn man etwas nachhilft, indem man den Pollen geöffneter Blüten mit einer weichen Bürste abstreift und auf benachbarte Blüten verteilt. Pfirsiche sind anfällig für die tückische Kräuselkrankheit (siehe S. 151).

Feige
Als Fächer oder Hochstamm ziehen (siehe S. 123)

Olive
Siehe S. 122

Zitrone
Siehe S. 124

Calamondin
Auch als Panama-Orange bekannt. Siehe S. 124

Obstgehölze gut eingetopft

Obstbäume brauchen einen mindestens 30 cm breiten und tiefen Topf. Ideal sind verzinkte Abfalleimer – sie sehen überraschend elegant aus und kosten nicht viel –, doch kann man genauso gut schwereres Gerät wie Halbfässer oder Tontöpfe zum Einsatz bringen. Am wenigsten wiegen Kübel aus Kunststoff oder Gummi. Jedes Gefäß braucht Abzugslöcher, die man in den Boden bohrt, falls sie noch nicht vorhanden sind. In windigen Gegenden bindet man den Stamm am besten zusätzlich an, denn ein voll belaubter Obstbaum wird leicht erfasst und umgeworfen. Da Obstgehölze viele Jahre alt werden, pflanzt man sie am besten in ein Substrat, das seine Nährstoffe langsam abgibt, also etwa in Einheitserde Typ T. Fehlt nur noch ein sonniger Platz und Sie haben eine reiche Ernte süßester Früchte sicher!

Obstbäume in Kübeln werden ab der Blüte alle 14 Tage mit einem Kalidünger versorgt und gut gewässert. Mulchen Sie den Topfballen nach Möglichkeit, etwa mit Kies, um den Feuchtigkeitsverlust zu verringern. Die Pflanzung erfolgt traditionell in der Vegetationsruhe von Oktober bis März, ist aber auch in anderen Monaten möglich. Die Schnittmethoden sind abhängig von Obstart und Wuchsform – kaufen Sie daher am besten in Baumschulen, hier erhalten Sie eine entsprechende Beratung.

Ökologische Sammelleidenschaften

Ihr Stadtgarten mag hoch droben liegen, das heißt aber nicht, dass er nicht nachhaltig bewirtschaftet werden kann. Richten Sie sich in einer Betonwüste Ihre kleine Öko-Oase ein, indem Sie Regenwasser auffangen, Küchenabfälle in Kompost verwandeln oder gar Bienen halten. Von einem solchen Biotop profitiert nicht nur Ihr Speiseplan, sondern die ganze Umwelt.

Würmer züchten

Wer einen Balkon besitzt, hat meist auch Platz für einen Wurmkomposter. Mit ihm kann man Karottenschalen und Kerngehäuse in nährstoffreiches Substrat für Pflanzen verwandeln.

Wurmkomposter sind kleine Zuchtfarmen, in denen Kompostwürmer – nicht die Regenwürmer, die man im Gartenboden findet – Küchenabfälle verwerten und in nährstoffreiche Humuserde sowie Flüssigkeit umwandeln. Diese Flüssigkeit kann, im Verhältnis 1:10 mit Wasser verdünnt, als Dünger genutzt werden.

Wurmkisten nehmen weniger Platz weg als herkömmliche Komposter und eignen sich daher gut für Balkongärten. Zudem werden die organischen Abfälle wesentlich rascher zersetzt und müssen auch nicht wie Gartenkomposter auf Erde stehen, da die Flüssigkeit abgelassen und als Dünger verwendet werden kann. In Wurmkomposter können auch gekochtes Gemüse, Brot, Nudeln und etliche andere Abfälle geworfen werden, was das Volumen des Küchenabfalls beträchtlich reduziert, nicht hingegen Fleisch- und Fischreste. Schließlich erspart man es sich sogar, einen Teil des Papierabfalls zu entsorgen, denn die Würmer mögen es, wenn ein Drittel ihrer Nahrung aus zerkleinertem Karton und Papier besteht. Da Erde aus dem Wurmkomposter sehr nährstoffreich ist, reicht es, beim Einpflanzen von Obst und Gemüse eine oder zwei Handvoll davon in das Topfsubstrat zu mischen. Als Mulch, den man 5 cm dick um Pflanzen verteilt, ist Wurmkompost schlicht unschlagbar. Selbst beim Auffrischen von altem, verbrauchtem Substrat leistet er gute Dienste.

Regenwasser sammeln

Wer Regenwasser in Tonnen sammelt, entlastet nicht nur die Abwasserkanäle, sondern auch sich selbst: Es fällt wesentlich leichter, eine Gießkanne aus der Tonne aufzufüllen, als einen Schlauch vom Badezimmer aus durch die ganze Wohnung zu ziehen.

Das Anschließen einer Tonne am Fallrohr der Regenrinne ist ein Kinderspiel – im Handel gibt es sogar entsprechende Bausätze. Bei Metallrohren kann man zur Sicherheit einen Klempner hinzuziehen, Kunststoffrohre lassen sich mit einer einfachen Säge teilen. Falls Sie in einer größeren Wohneinheit leben oder Ihnen das Gebäude nicht gehört, sollten Sie vorher den Eigentümer um Erlaubnis fragen.

Vor dem Aufstellen einer Tonne muss man sich auf jeden Fall vergewissern, dass der Balkon oder das Dach das Gewicht tragen. Denken Sie dran: 1 l Wasser wiegt 1 kg.

Wenn der Laden brummt

»Mich fasziniert das Innenleben eines Bienenstocks. Da drinnen passiert ein kleines Wunder«, schwärmt Imker Luke Dixon, der in den Londoner Stadtteilen Soho und Bloomsbury sowie an der South Bank Bienenvölker hoch über den Dächern hält.

Ein luftiger Garten mitten in der Stadt hat so viele Vorteile für die Bienenzucht, dass man sich wundern muss, warum nicht mehr auf die Idee kommen, sich ein Völkchen zu halten: Hoch droben sind die Bienen vor Feinden sicher und haben es nicht weit zu Parks, Balkonen und Hausgärten. Doch es gibt noch einen weiteren Grund, in der Stadt Imkerei zu betreiben: Bienen sind stark gefährdet. Nach Auskunft der »International Bee Research Association«, einer Organisation für Bienenforschung, ist die Population in Großbritannien und den Vereinigten Staaten seit Mitte des 20. Jahrhunderts aufgrund von Pilzkrankheiten und Milben sowie der Zerstörung von Lebensräumen um die Hälfte geschrumpft. In den letzten Jahren wurden die Populationen durch den Zusammenbruch ganzer Bienenvölker zusätzlich dezimiert. So gingen 2008 etwa 35 Prozent der 13,6 Millionen Bienenvölker in Europa durch den sogenannten Bienenvolkkollaps verloren; genauso viel waren es 2007 und 2008 in den USA. Eine beunruhigende Bilanz, denn abgesehen von dem Honig, den die Bienenzucht abwirft, sind die Insekten für die Zukunft unseres Planeten von entscheidender Bedeutung. Schätzungsweise ein Drittel unserer Nahrung stammt von Pflanzen, die von Insekten – vorwiegend Bienen – bestäubt werden. Daher ist alles willkommen, was die Zahl der Honigbienen erhöht. Selbst in den Großstädten hat man das erkannt.

In Paris gibt es inzwischen Bienenstöcke auf dem Glasdach des Grand Palais unweit der Champs-Elysées und auf den beiden Opernhäusern Palais Garnier und Opéra Bastille.

In London hält man Völker auf der Royal Festival Hall und dem Luxuskaufhaus Fortnum & Mason. Auch in Berlin, Tokio und Washington gibt es eine florierende Bienenkultur.

In New York galten Bienen bis vor Kurzem als bösartige und giftige Tiere, weshalb ihre Haltung untersagt und mit einer Geldstrafe von 2 000 Dollar belegt war. Imker in Manhattan tarnten ihre Stöcke auf den Dächern daher als Klimaanlagen oder Kamine. Das Verbot ist inzwischen aufgehoben worden, es steht also zu erwarten, dass die Bienenzucht in der Metropole in den nächsten Jahren im wahrsten Sinne des Wortes »brummt«.

Die Bienenhaltung in Städten wird Freizeitimkern zudem mit einer Besonderheit versüßt: Stadthonig gilt als wesentlich intensiver und interessanter im Geschmack als sein ländliches Pendant, weil in Städten eine vielfältigere Flora herrscht. Auf dem Land müssen sich Bienen manchmal ausschließlich mit Raps begnügen, was ihn am Gaumen ausdrucksloser macht. Selbst Allergikern mit Heuschnupfen tut ein Löffel Honig aus der Region gut, da der Körper durch diese Art der Pollenaufnahme etwas immunisiert wird.

BIENENFLEISSIG

Wenn Sie Bienen auf dem Dach oder Balkon halten wollen, sollten Sie Folgendes beachten:

Platz: Sie brauchen Platz für Ihren Bienenstock – 60 × 60 cm Standfläche und etwas Freiraum außen herum sollten es schon sein, damit Sie z. B. den Stock öffnen und die Waben herausnehmen können. Die Vorderseite des Stocks muss immer von der Wohnung wegzeigen und mindestens 30 cm von festen Begrenzungen wie Geländer entfernt sein, damit die Bienen aus- und einfliegen können.

Kosten Die Anfangskosten für einen Stock mit Bienen belaufen sich auf knapp 200 Euro. Sie brauchen außerdem einen Smoker und Schutzkleidung – entweder einen kompletten Imkeranzug oder einen Hut mit Netz, den man auch gebraucht bekommt. Haushaltshandschuhe eignen sich genauso gut wie spezielle Imkerhandschuhe. Geräte zur Honigverarbeitung können geliehen werden.

Zeit Für die Hobbyimkerei müssen Sie im Sommer ein paar Stunden wöchentlich aufwenden.

Honig In der ersten Saison bleibt nur wenig Honig übrig. Später kann man je nach Bienen, Witterung und Standort pro Bienenstock mit 50–100 Gläsern im Jahr rechnen. Honig wird einmal im Jahr geerntet.

Sicherheit Binden Sie das Bienenhaus an das Geländer oder andere stabile Befestigungen, damit der Wind es nicht umweht.

Krankheiten Sie sind heutzutage ein großes Problem. Achten Sie daher auf die Gesundheit Ihrer Bienen. Auskunft geben Imkervereine.

Information Sie sollten nicht unvorbereitet in die Imkerei einsteigen. Belegen Sie einen Kurs und treten Sie dem örtlichen Imkerverein bei, wo Sie viele wertvolle Tipps von Experten bekommen.

Manche mögen's heiß

Balkon- und Dachgärten haben einen großen Vorteil: Man kann seiner Fantasie dort freien Lauf lassen. Sie möchten nicht ständig daran erinnert werden, dass Sie in einer grauen Großstadt leben, in der es viel zu viel regnet? Dann kaufen Sie einfach Pflanzen, die Sie an wärmere Gegenden erinnern – etwa an ein tropisches Strandparadies oder ans Mittelmeer.

Exotisches Balkonien

Sie wären gern weit weg vom Stadtalltag? Kein Problem: Wenn Sie einen Dachgarten oder Balkon haben, müssen Sie nur ein paar Schritte gehen, um sich in ein fernes exotisches Paradies zurückzuziehen. Ein eng begrenzter Mikrokosmos wie ein Balkon verlangt förmlich nach einem großen Auftritt strahlender Exoten. Schon erstaunlich, was man mit wenigen Pflanzen alles bewirken kann. Einen normalen, von Zäunen gesäumten Hausgarten mit Blick auf die Wäscheleine des Nachbarn in ein exotisches Domizil zu verwandeln fällt schwer. Aber ein Balkon und eine Dachfläche hoch über der Stadt ist praktisch ein weißes Blatt Papier. Und Sie sind schon allein physisch vom Rest der Welt weiter unten getrennt. Warum also nicht noch ein Stückchen weitergehen und eine regelrechte Fantasiewelt erschaffen – etwa ein Tropenparadies?

Genießen Sie den Duft von Orangenblüten und schneiden Sie selbst gezogene Limonen in Ihren Gin Tonic. Wer weiß, mit etwas Glück gelingt es Ihnen sogar, eigene Oliven zu kosten. Manche Exoten sind erstaunlich leicht zu ziehen, während andere mehr Aufmerksamkeit einfordern, etwa Zitrusbäume. Dennoch ist ein exotischer Dschungel keine Hexerei.

Mediterrane Stimmung verbreiten Sie, indem Sie zunächst die Wände weiß oder terrakottafarben streichen. Einen Beitrag zum südlichen Flair leisten ferner handgefertigte Tongefäße oder dunkelblau glasierte Töpfe. Zusätzlich unterstreichen kann man das Urlaubsfeeling mit prächtigen, wunderschön blühenden Ziergewächsen. Wer es mediterran mag, wählt Oleander, Pelargonien, Lavendel, Hibiskus oder Buchskugeln. Für tropisches Ambiente sorgen Bambus, Baumfarne, Sukkulenten wie Agaven oder Dattel- und Hanfpalmen. Sie alle gedeihen gut in Töpfen.

Topf Fünf der exotischen Genüsse

Sie möchten Ihren Balkon zu einem Tropenparadies umgestalten? Mit diesen Köstlichkeiten gelingt es!

Oliven

Die knorrigen, gedrehten Stämme mit silbrigem, spitz zulaufendem Laub verkörpern wie keine andere Pflanze mediterranes Klima. Gleichwohl kommen die Bäume überraschend gut mit kühleren Bedingungen zurecht und überstehen mitunter sogar mitteleuropäische Verhältnisse, wobei sie vom milden Mikroklima der Städte profitieren.

Die Olive (*Olea europaea*) ist ein schöner, eleganter Baum – stilbewusste Balkongärtner integrieren ihn gern in ihre Pflanzungen. Er braucht wenig Pflege, verträgt Wind, muss nicht groß geschnitten werden und gedeiht jahrelang frohgemut in seinem Topf. Mit etwas Glück bekommt man sogar ein paar Früchte.

Ein zweijähriger Baumstamm ist ein guter Einstieg für Balkone und relativ preiswert zu haben. Wer allerdings gleich von Anfang an Wert auf ein knorriges Aussehen legt, muss sich ein älteres Exemplar zulegen. Man stellt Olivenbäume an einen sonnigen, geschützten Standort und weist ihnen einen Kübel zu, der je zur Hälfte mit Blumen- und Einheitserde gefüllt ist. Im April schneidet man sie geringfügig, um ihre Form zu erhalten. Wer sie kräftiger stutzen möchte, setzt in der ersten Sommerhälfte die Schere an. Von Mai bis September düngt man in 14-tägigem Rhythmus. Oliven werden alle drei bis vier Jahre verpflanzt, doch sollte der neue Topf jedesmal nur geringfügig größer sein, denn die Wurzeln fühlen sich in beengten Verhältnissen wohl.

Oliven sind erstaunlich robust. Sie vertragen nachts bis -3 °C, mitunter sogar bis -7 °C.

Projekt

OLIVEN EINLEGEN

Unter günstigen Bedingungen können Sie sogar Oliven ernten. Die harten Steinfrüchte sind allerdings frisch ungenießbar und müssen erst verarbeitet und haltbar gemacht werden. Das dauert rund zwei Wochen und ist daher nichts für Ungeduldige.

Zeit: Mitte Herbst zur Fruchtreife
Sie brauchen:

- Oliven
- 1 großes Gefäß
- Salz
- Weißweinessig
- Knoblauch
- Olivenöl
- Luftdicht verschließbarer Behälter

Und so geht's:
Oliven waschen und abtropfen lassen. Früchte auf einem Hackbrett mit einem Nudelholz anschlagen, ohne jedoch die Steine zu entfernen. In ein großes Gefäß legen und mit Wasser bedecken; gegebenenfalls mit einem Teller oder Ähnlichem unter Wasser drücken. 24 Stunden ziehen lassen. Danach Oliven abtropfen lassen und erneut mit frischem Wasser bedecken. Das Ganze 10–14 Tage wiederholen.

Salzlake zubereiten: Für 1 kg Oliven 1 l Wasser mit 100 g Salz mischen. Oliven darin zwei Tage einweichen. Abtropfen lassen und in eine Lösung aus 80 % Essig und 20 % Wasser legen; Knoblauchzehen, Zitronenscheiben oder Kräuter (nach Belieben) als Geschmackgeber hinzufügen. In ein luftdichtes Gefäß gießen und mit einer Lage Olivenöl abdecken, damit die Früchte komplett untergetaucht sind. Zwei Tage in den Kühlschrank stellen. Anschließend sind die Oliven essbar und halten im Kühlschrank noch mehrere Monate.

EINE PARADIESISCHE FRUCHT

Ein ausladender, zu einem Fächer erzogener Feigenbaum macht viel her. Seine handförmig gelappten Blätter geben vor allem an heißen Tagen einen typischen Feigengeruch frei, wenn man sie streift. Das Beste aber sind die unglaublich wohlschmeckenden Früchte, die den Sommer über reifen, bis sie aufplatzen und ihr süßes, dunkles Fleisch freigeben. Feigenbäume eignen sich vorzüglich für die Topfkultur, denn ihre Wurzeln mögen es eng. Zudem lassen sie sich problemlos vor einer Wand zu einem offenen Fächer erziehen.

Will man auch in kühleren Klimazonen Feigen ernten, schützt man die winzigen Früchte im Winter mit Manschetten aus Luftpolsterfolie. Dabei bleiben die Enden aber offen, damit Luft zirkulieren kann. Alle Früchte, die im Herbst mehr als erbsengroß sind, werden entfernt. Im Frühsommer zwickt man außerdem die Triebe an den Zweigen des Baums ab, sodass nur fünf Blätter pro Zweig verbleiben.

'Brown Turkey' ist eine verlässliche Sorte mit köstlichen, violettfleischigen Früchten. Ebenfalls empfehlenswert sind 'Brunswick' und 'Violetta'. Man pflanzt Feigenbäume in ein Gefäß mit mindestens 45 cm Durchmesser in Universal- oder Einheitserde und stellt sie an einen sonnigen, geschützten Standort. Gut wässern und 14-täglich düngen.

Für Einsteiger ideal: Calamondin

Zitrusbäume

Für Balkon- und Dachgärtner mit einem Hang zum Exotischen sind sie ein Muss, denn sie bringen einen Hauch von südlichem Glamour in jedes Ambiente. Stadtlandschaften gewinnen enorm, wenn man sie durch einen Rahmen aus Zitronen- oder Limetten-Hochstämmchen betrachtet, deren Blätter beim Zerreiben außerdem einen herrlich frischen Zitrusduft verbreiten. Er wird allerdings noch übertroffen vom Duft der Blüten, die mitunter das ganze Jahr über erscheinen. Zitrusbäume tragen oft Früchte und Blüten gleichzeitig, verlangen aber einen warmen, geschützten Standort.

CALAMONDIN-MARMELADE

Ergibt 1 Glas

- 150 g Calamondin
- 500 ml Wasser
- 200 g Zucker
- Glas

Glas sterilisieren. Dazu mit heißer Seifenlauge spülen, klarspülen und umgedreht mindestens 30 Minuten bei 140 °C im Ofen erhitzen. Calamdonin waschen, halbieren und Kerne entfernen. In kleine Stücke schneiden, ohne die Schale zu entfernen. Mit dem Wasser in einen Topf geben und 15 Minuten ohne Deckel köcheln lassen. Von der Herdplatte nehmen, abdecken und über Nacht stehen lassen.

Am nächsten Tag den Zucker hinzufügen und etwa 30 Minuten kochen lassen. Die Marmelade ist fertig, wenn ein EL davon, auf einen kalten Teller gegeben, nach dem Abkühlen eine marmeladeartige Konsistenz hat. In das Glas geben und verschließen.

Zitronige Vielfalt

Leichte Ernte:
Calamondin sind die vielleicht beste Einsteigerfrucht für Gartenanfänger. Die Gehölze tragen ständig intensiv duftende Blüten, aus denen kleine, runde Früchte reifen. Sie schmecken roh zu sauer, ergeben jedoch eine köstliche, säuerliche Marmelade. In Scheiben geschnitten fügt man sie außerdem kühlen Getränken hinzu. Der größte Vorzug der Calamondin (× *Citrofortunella microcarpa*) aber ist ihre Anspruchslosigkeit: Sie lässt sich problemlos in beheizten Zimmern überwintern und kann dort sogar das ganze Jahr über bleiben.

Erste Wahl für Balkon- und Dachgärten in kühlerem Klima:
Bitterorangen sind so robust, dass sie selbst kurze Fröste überstehen. Sie stellen unter 12 °C zwar ihr Wachstum ein und verlieren das Laub, im Frühjahr treibt es aber wieder aus. Am wohlsten fühlt die Bitterorange sich an einer Südmauer. Ihre Blüten öffnen sich im Frühjahr und verwandeln den Busch in eine Wolke aus duftendem, weißem Flor – vor den langen, spitzen Stacheln indes muss man sich hüten. Roh sind die Früchte zu bitter, doch kann man sie zu einer würzig-herben Marmelade verarbeiten.

Kumquats eignen sich ebenfalls gut als Einsteigerfrucht und stecken sogar kurze Fröste im Freien weg. Die hübschen Kübelpflanzen liefern eine Vielzahl kleiner, ovaler Früchte, die man mitsamt der Schale genießen kann. 'Nagami' trägt verlässlich und reichlich.

Meyers Zitrone heißt eine Kreuzung zwischen Zitrone und Orange. Das reizende Bäumchen trägt süße Früchte und reinweiße, sternförmige Blüten, die gleichzeitig erscheinen. Auch Meyers Zitrone hält gelegentliche Fröste aus. Wenn die Quecksilbersäule allerdings weit unter den Gefrierpunkt sinkt, sollte man sie doch nach drinnen bringen.

Tolle Zitrusfrüchte, die Frostschutz brauchen:
Schützen Sie **Mandarinen, Satsumas, Clementinen, Zitronen, Orangen, Limetten** und **Grapefruit** vor Minustemperaturen, indem Sie sie von Oktober bis Mai bei 5–12 °C in einen kühlen, hellen Raum stellen. Ist das nicht möglich, müssen sie im kühlsten, hellsten Zimmer, das Sie haben, direkt am Fenster platziert und sehr wenig gewässert werden. Die Pflanzen verlieren dann mitunter zwar ihre Blätter und fruchten im darauffolgenden Jahr nicht, erholen sich aber wieder.

Kultur
Stellen Sie die Bäumchen an einen sonnigen, geschützten Platz. Sie brauchen stark durchlässiges Substrat, etwa mineralische Erde mit 20-prozentigem Kiesanteil. Gegen beengte Wurzelverhältnisse haben sie nichts einzuwenden, weshalb selbst ein fünfjähriges Exemplar mit einem 30-cm-Topf problemlos zurechtkommen sollte.

Gedüngt werden sie mit einem speziellen Zitrusdünger – es gibt verschiedene Präparate für den Sommer und Winter. Wässern Sie möglichst mit Regenwasser. Zitruspflanzen bevorzugen viel Luftfeuchtigkeit und sollten daher gelegentlich mit Wasser besprüht werden. Außerdem wischt man hin und wieder den Staub von den Blättern, damit sie glänzen. Ein Schnitt ist in der Regel nicht erforderlich, doch sollte man abgestorbene Zweige entfernen und die Krone gegebenenfalls in Form bringen.

Weintrauben

An einem sonnigen Nachmittag in einem Liegestuhl zu sitzen, Trauben zu pflücken und sie in den Mund gleiten zu lassen ... das ist Genuss pur. Und das Beste: Es gibt keinen Grund, warum man sich diesen Gaumenschmaus in einer Höhe von mehreren Stockwerken versagen sollte! Ob frisch genascht oder zu einem kräftigenden Saft gepresst, Weintrauben sind der ideale Start in den Tag. Für kühle Klimazonen eignen sich vor allem die Rebsorten 'Seyval Blanc', 'Siegerrebe' und 'New York Muscat', während die Sorte 'Brandt' zum Gaumenschmaus auch noch eine Augenweide in Form von schönem violettem Herbstlaub beisteuert.

Rebenkultur

Für Ihre Rebe brauchen Sie einen großen Topf mit mindestens 45 cm Breite und Tiefe. Stellen Sie ihn an einen sonnigen, geschützten Platz und füllen Sie ihn mit Einheitserde Typ T.

Sobald Sie Ihre Rebe gepflanzt haben, binden Sie den Haupttrieb an eine Rute, die in die Mitte des Topfs gesteckt wird. In den ersten Jahren lässt man die Seitentriebe ungehindert wachsen. Im dritten Winter schneidet man sie alle am Stamm ab und belässt nur die obersten fünf bis sechs. Die verbliebenen Zweige werden auf fünf Knospen vor dem Hauptstamm zurückgeschnitten. Im Hochsommer stutzt man alle Seitentriebe, die sich aus diesen Zweigen gebildet haben, auf zwei Blätter vor den Blüten bzw. reifenden Trauben zurück. Bald darauf sollten die Trauben schwer von den Trieben hängen. Im Winter schneidet man die Seitentriebe bis auf zwei Knospen vor dem Hauptstamm zurück. Das wiederholt man jedes Jahr.

Physalis

Die glatten, runden Früchte sehen wie Orangen im Miniformat aus, doch ist die Physalis, auch bekannt als Kapstachelbeere oder Andenbeere, mit der Tomate verwandt und erinnert auch im Geschmack an sie. Die Pflanze mit ihren herzförmigen Blättern und gelben, schokoladebraun gefleckten Blüten hat ihren großen Auftritt im Frühherbst, wenn die Früchte in papierartigen, bräunlichen Hüllen reifen, die wie chinesische Laternen aussehen.

Man kauft Kapstachelbeeren als Pflänzchen oder sät sie im März/April in kleine Töpfe unter Glas aus. Ab Mai werden die Sämlinge in einen mindestens 30 cm großen Topf oder Pflanzsack umgesiedelt. Weisen Sie ihnen einen sonnigen, geschützten Standort zu und düngen Sie alle 14 Tage mit Kalidünger, sobald die Früchte erscheinen. Ab einer Höhe von 30 cm zwickt man die Spitze des Triebs ab, um ihn zur Bildung von fruchtenden Seitentrieben anzuregen und diese dann an Stützen anzubinden.

Man kann die Früchte roh genießen oder zu Konfitüre verarbeiten. Physalis vertragen keinen Frost, lassen sich aber in einem kühlen, hellen Raum überwintern. Eine gute Sorte für die Topfkultur ist 'Little Lantern'.

Inspiration

TROPISCHES DACHPARADIES ZWISCHEN CONTAINERSCHIFFEN

Victoria Dock im indischen Mumbai ist nicht gerade für seine Gärten bekannt. Kräne und gesichtslose Bürogebäude prägen die trockene Industrielandschaft. Und doch verbirgt sich in dem trostlosen, staubigen Areal ein wahres Juwel: Auf dem Dach der Hafenarbeiterkantine wächst ein Dschungel exotischer Nutzpflanzen – eine Oase aus Obst, Kräutern und Gemüse.

Angelegt hat das grüne Refugium Kantinenleiterin Preeti Patil (oben). Recycling und Nachhaltigkeit werden in ihrem Dachgarten großgeschrieben: Das Gemüse reift in Abfallkisten aus Kunststoff, während die Obstbäume in halbierten Ölfässern ohne Boden, aber mit Löchern in den Seitenwänden, stehen. Eine Bananenstaude wächst in einem 20 cm hohen Beet mit Ziegeleinfassung.

Patils 280 m^2 großes Paradies aus Zitronen, Breiäpfeln, Cashewnüssen, Mango, Granatäpfeln, Cherimoya, Flaschen-Kürbissen und Guaven versetzt umso mehr in Erstaunen, wenn man weiß, dass sich hier noch vor acht Jahren eine gekachelte Wüste erstreckte, die man nur zum Lagern von Küchenabfällen nutzte. Heute wachsen auf dem Dach 120 Pflanzenarten, angefangen von Zitronengras über Ingwer und Minze bis Basilikum. Vieles davon wird für erfrischende Tees genutzt. Zwischen den Pflanzen sieht man Bienen und Schmetterlinge herumfliegen.

Die meisten von uns würden hier mit handelsüblicher Topferde arbeiten. Patil aber führt ihre Erfolge auf einen speziellen Mix aus Rinderdung, Jauche und Palmzucker zurück, der mit Wasser gemischt gärt, bevor er verdünnt wird. Anschließend kommt noch zersetztes Pflanzenmaterial und Oberboden dazu. Wird diese Masse kompostiert, entsteht ein leichter Humus mit hohem Nährstoffgehalt und guter Wasserspeicherfähigkeit.

»Ich habe hier viel Sonne, aber zum Glück weder Ratten noch Katzen«, schwärmt Patil. »Als Nächstes versuche ich, Reis und Trauben anzubauen.«

Weitere Exotengenüsse

Kiwis

Siehe S. 140

Chilis

Wer mexikanische Küche liebt, baut Jalapeno-Chilis an. Thailändische Gerichte verlangen eher nach der Sorte 'Bird's Eye', während man bei italienischen Speisen mit 'Etna' richtig liegt. Siehe S. 50 für Anbauhinweise.

Zitronengras

Das tropische Gras mit köstlichem Zitronelladuft braucht einen sehr sonnigen Standort. Weil es keinen Frost verträgt, muss es die kalte Jahreszeit drinnen verbringen. Schützt man die Pflanze vor Minustemperaturen, hält sie mehrere Jahre durch. Man vermehrt sie am besten durch Aussaat im Frühjahr. Wird sie zu dicht, teilt man sie mit einem scharfen Messer und pflanzt die Hälften separat wieder ein.

Die unteren, hellen, verdickten Abschnitte der Halme kommen in der asiatischen Küche zum Einsatz. In kühleren Breiten bleiben sie oft dünn, verwenden aber kann man sie trotzdem. Zitronengras ergibt einen kräftigenden Tee. Werfen Sie einfach ein paar zerrupfte Blätter fünf Minuten lang in kochendes Wasser.

Pfirsiche und Aprikosen

Siehe S. 110

Thai-Basilikum

Das klassische Gewürz der thailändischen Küche zeichnet sich durch einen Anisduft und -geschmack aus. Mit seinen violetten Stängeln und den grünen Blättern ist Thai-Basilikum eine ungewöhnliche Bereicherung von Speisen und Pflanzungen. Ausgesät wird das Kraut wie Basilikum (siehe S. 45). Vor dem ersten Frost bringt man es nach drinnen.

Pak Choi

Wenn Ihnen Ihre Freiluft-Speisekammer die nötigen Zutaten für exotische fernöstliche Gerichte liefern soll, brauchen Sie als Begleitung für Ihre selbst gezogenen Chilis und das Zitronengras etwas Pak Choi. Das rasch wachsende Gemüse ist mit Fensterkästen ebenso zufrieden wie mit größeren Gefäßen.

Besonders zu empfehlen ist die Sorte 'Taisai', wobei die grünstieligen Sorten grundsätzlich etwas besser schmecken. Um die Blätter im Sommer ernten zu können, sät man ab April 2 cm tief aus und dünnt die Sämlinge auf 8 cm Abstand aus. Wer größere Exemplare zum Dämpfen oder für Pfannengerichte bevorzugt, lässt sie mit 15 cm Abstand wachsen. Für die Winterernte wird im Hochsommer ausgesät.

Melonen

Ihre Triebe beranken schnell den Boden, wenn man sie nicht an einer Stütze zieht. In kühleren Klimazonen sollte man die Sorten mit Bedacht auswählen. Zucker-Melonen wie 'Minnesota Midget' oder 'Doral' eignen sich am besten für die Kultur in unseren Breiten. Man zieht sie wie Zucchini oder Kürbisse (siehe S. 49).

Projekt

ZITRONENGRAS-SIRUP

Herstellung: ganzjährig

Sie brauchen:

- 300 ml Wasser
- 200 g Zucker, extrafein
- 3 Stangen Zitronengras (bzw. 6 dünne Stangen)
- 2 cm frischer Ingwer, gerieben
- Geriebene Schale und Saft von 1 Zitrone

Wasser, Zucker, Zitronengras, Ingwer, Zitronenschale und -saft in eine Pfanne geben und unter ständigem Umrühren leicht erhitzen, bis sich der Zucker auflöst. Hitzezufuhr erhöhen und 3–4 Minuten köcheln lassen, bis sich der Saft eindickt. Abkühlen lassen, dann abseihen.

Mit Mineralwasser verdünnen und einem frischen Minzezweiglein servieren.

Eiswürfel und Cocktails

Karotten und Bohnen hoch über den Dächern anzubauen ist nicht für jeden etwas. Wer einfach nur in der Sonne liegen und seinen Mojito mit selbst gezogener Minze schlürfen will, während er nach einem harten Arbeitstag den Blick über die Skyline wandern lässt, braucht keine Gemüsebeete.

Hier einige Tipps, wie Sie sich essbare Blüten für ungewöhnliche Salate und saftige frische Früchte für Cocktails und Smoothies auf Ihrem Gourmetbalkon heranziehen.

DIE BESTEN BLÜTEN UND FRÜCHTE

- Veilchen
- Borretsch
- Wald-Erdbeeren
- Heidelbeeren
- Kapuzinerkresse

Inspiration

EUROPAS GRÖSSTER DACHGARTEN

Sechs Stockwerke über einer belebten Einkaufsstraße im westlichen Londoner Stadtteil Kensington erstreckt sich ein Paradies besonderer Art: Europas größter Dachgarten, ein Idyll mit einem Wäldchen, durch das sich ein Bach schlängelt, einem spanischen Garten mit Olivenbäumen und umherstolzierenden Flamingos. Und das Erstaunlichste: Es gibt ihn bereits seit 1938.

Er ist ein Entwurf des Landschaftsarchitekten Ralph Hancock, der zuvor schon den Dachgarten des Rockefeller Centre in New York geplant hatte, und wurde auf dem damaligen Kaufhaus Derry & Toms angelegt.

Der Garten in luftiger Höhe ist ein ganz und gar ungewöhnlicher, friedlicher Ort, zwischen dessen 2,4 m hohen Mauern man sich sehr geborgen fühlt. Alte Bäume wachsen hier in einer nur 45 cm tiefen Erdschicht. Der Verkehr 30 m weiter unten ist kaum zu hören. Lediglich der atemberaubende Ausblick auf die St. Paul's Cathedral und die Royal Albert Hall erinnert daran, dass man sich im Herzen einer Metropole befindet.

Heute gehört der Dachgarten zu einem Nachtclub mit Bar und Restaurant, in dem Besucher zwischen den Palmen, Feigen und Oliven eines spanischen Gartens lustwandeln, aber auch durch die mit künstlichen Flechten bewachsenen Bögen eines Tudor-Gartens spazieren können. Von vornehmer Zurückhaltung ist in den »Kensington Roof Gardens« wenig zu spüren – stattdessen regieren Kitsch, Fantasie und Liebe zum Luxus.

Diesem Prinzip bleibt Chefgärtner David Lewis auch bei den Nutzpflanzen seines Dachgartens treu. Er entführt Besucher mit reifen Feigen, Oliven, Pfirsichen und Mandeln nicht nur in mediterrane Welten, sein Mini-Wald ist voll von Bärlauch, Karotten, Brombeeren und Stachelbeeren. In anderen Winkeln quellen Chilis und Zucchini aus Töpfen. Auf der Terrasse vor dem Restaurant wachsen Kürbisse. Ein Ensemble lebhafter Pflanzgefäße liefert Zutaten für die Bar.

Essbare Blüten garnieren Salate und Getränke. Zucchiniblüten werden, mit Ricotta gefüllt, serviert. Während an einem Tisch gelbe Himbeeren auf den Tellern funkeln, schwimmen nebenan Rosenblätter aus dem spanischen Garten in den Cocktails.

Projekt

EIN TOPF FÜR PIMM'S UND MOJITO

Die Zutaten für zwei Cocktails in einem einzigen Topf – kann man den knappen Balkonplatz besser nutzen? Das Gefäß enthält alles, was Sie für zwei der besten und erfrischendsten Sommerdrinks brauchen, und bereichert Ihren Garten gleichzeitig um ein farbenfrohes Arrangement aus leuchtenden Wald-Erdbeeren, üppig grüner Minze und himmelblauen Borretschblüten. Übrigens: Wald-Erdbeeren schmecken wesentlich aromatischer und intensiver als die großen Garten-Erdbeeren.

Machen Sie aus Ihrem Balkon eine Freiluft-Cocktailbar für Genießer – und ziehen Sie die Zutaten selbst!

Bepflanzung: Frühsommer
Sie brauchen:

- Tonscherben, Kies oder Styropor
- 1 großer Topf mit etwa 40 cm Durchmesser
- Einheitserde
- 1 Plastiktopf mit 20 cm Durchmesser, dem der Boden entfernt wurde
- 1 Minze, idealerweise Grüne Minze
- 2 Wald-Erdbeerpflanzen, etwa der Sorte 'Mignonette' oder 'Alexandria'
- 1 Borretschpflanze

Und so geht's:
Eine Lage Tonscherben o. Ä. auf dem Boden des Gefäßes verteilen. Gefäß zu zwei Dritteln mit Erde füllen. Auf einer Seite eine Vertiefung ausheben und den Plastiktopf ohne Boden so hineinstecken, dass sich der Rand knapp über der Oberfläche des Substrats befindet.

Minze in den kleineren Topf pflanzen, mehr Substrat hineingeben und festdrücken. Der Topf bildet für die Wurzeln eine Barriere, ohne die die Minze bald das ganze Gefäß in Beschlag nehmen würde. In die noch freien Bereiche die Erdbeeren und den Borretsch pflanzen; die Erdbeeren sollten am Rand stehen. Gut wässern und an einen sonnigen, geschützten Platz stellen.

MOJITO

Ergibt 1 Glas

- 14 frisch geerntete Minzeblätter plus ein Zweiglein zum Garnieren
- 1½ TL Zucker, extrafein
- Saft einer ½ Limette
- 4 große Eiswürfel
- 2 cl weißer Rum
- 2 Spritzer Angostura
- Mineralwasser mit Kohlensäure

Minze, Zucker und Limettensaft in einen Becher geben und mit dem Griff einer Gabel verrühren. Eiswürfel zerstoßen und mit dem Löffel in das Glas heben. Rum und Angosturabitter hinzufügen. Glas mit Sprudelwasser auffüllen und mit dem Minzezweiglein garnieren.

PIMM'S

6 Portionen

- 1 Flasche Pimm's No.1 Cup
- 1 große Flasche Limonade
- reichlich Eiswürfel
- 2 Handvoll frisch gepflückte Wald-Erdbeeren
- 1 Handvoll frisch gepflückte Minzezweiglein
- 10 Borretschblüten zum Garnieren

Becher zu zwei Dritteln mit einer Mischung aus Pimm's und Limonade füllen; dabei die Mixhinweise auf der Flasche beachten. Eiswürfel, Erdbeeren und Minze dazugeben. Umrühren und kurz vor dem Servieren mit Borretschblüten garnieren.

Projekt

ESSBARE BLÜTEN FÜR BUNTE SALATE

Als sprühendes Farbenfeuerwerk präsentiert sich dieser Topf, doch hat er noch einen weiteren Vorteil: Man kann seine Blüten essen. Der seidige Flor der Kapuzinerkresse öffnet sich vom Frühsommer bis in den Spätherbst hinein und begeistert mit Gelb, Orange und leuchtendem Rot. Veilchen wiederum steuern violette Blüten mit gelbem Schlund bei und treten vom Hochsommer bis zum Spätherbst in Scharen auf, sofern welke Exemplare regelmäßig entfernt werden. Man sät Kapuzinerkresse und Veilchen im April aus und pflanzt sie nach draußen, sobald sie etwa 3 cm hoch sind – oder kauft gleich Sämlinge im Gartencenter. Falls nach dem Bepflanzen des Topfs noch einzelne Exemplare übrig bleiben, kann man ihnen einen Platz in der Blumenampel oder zwischen Blatt-Salaten in Gefäßen zuweisen.

Taglilien sind schon besondere Blumen: Die großen, wachsartigen Blüten machen uns in den verschiedensten Farben ihre Aufwartung und sind so perfekt, dass sie fast künstlich wirken. Wie ihr Name schon sagt, blühen sie nur einen Tag, doch erscheinen den ganzen Sommer über immer neue Blüten. Wenn sich ihre Blätter im Herbst braun färben, schneidet man sie zurück – sie sind mehrjährig und treiben im Frühjahr wieder neu aus. Nach ein paar Jahren müssen sie eventuell geteilt werden, sonst wachsen sie zu dicht und blühen dann nicht mehr richtig.

Bepflanzung: April–Juli
Sie brauchen:

- Tonscherben oder Styroporstücke
- 1 großer Topf mit 40 cm Durchmesser
- Einheitserde
- 1 Taglilie *(Hemerocallis),* idealerweise eine Zwergsorte wie 'Stella d'Oro'
- 6 Stiefmütterchen (*Viola tricolor*) oder Duft-Veilchen *(Viola odorata),* die man als Sämlinge kauft oder ab April in kleine Töpfe sät
- 3 Kapuzinerkressen, als Pflänzchen gekauft oder ab April bis Hochsommer 3 cm tief direkt in den Topf gesät; ideal sind kleine Sorten wie 'Empress of India' in dunklem, samtigem Rot und Orange

Und so geht's:

Boden des Topfs mit einer Lage Tonscherben oder Styroporstücken bedecken, dann bis fast zum Rand mit Erde füllen. Taglilie in die Mitte, daneben die Veilchen oder Stiefmütterchen und ganz außen die Kapuzinerkressen pflanzen, sodass sie über den Rand des Topfs ranken können. Gut wässern.

Nach etwa einem Monat kann man die Blüten ernten und auf Salate streuen. Veilchen- und Kapuzinerkresseblüten sind essbar (Staubbeutel vorher entfernen) – sie schmecken erfrischend pfefferig. Die Blätter der Kapuzinerkresse kann man hacken und auf Kartoffelbrei streuen, ihre Samen frisch naschen oder wie Kapern einlegen. Taglilien schmecken ein bisschen wie süßer Salat.

Weitere Pflanzentipps für Cocktails, Drinks und Salate

Gelbe Himbeeren wie die Sorte 'Golden Everest' kann man in einem 45-cm-Topf ziehen. Besonders zu empfehlen: eine Handvoll der Früchte in einem Glas Schaumwein. Kultiviert werden gelbe Sorten wie normale Himbeeren (siehe S. 97).

Physalis können im Topf gezogen werden und bilden ungewöhnliche goldgelbe, süß-säuerliche Früchte in einer papierartigen Hülle. Schon eine einzige Frucht wertet Desserts und Getränke enorm auf.

Heidelbeeren lassen sich ganz leicht in Töpfen ziehen und tragen vom Hochsommer bis in den Spätherbst. Sie machen sich hervorragend als ganze Frucht in Getränken oder als Smoothie. Näheres siehe S. 51.

Ringelblumen Ihre Blütenblätter eignen sich vorzüglich zum Garnieren von Salaten. Man sät sie ab März drinnen in Saatschalen oder ab Mai direkt in Töpfe draußen aus, bekommt sie aber auch als Sämlinge im Handel.

Schnittlauch bildet violette kugelige Blütenstände, die Salate aufpeppen.

Römische Kamille ist mit ihren duftenden Körbchenblüten köstlich in Heiltees. Die Einjährige sollte im April direkt ausgesät oder im Juni und Juli als Pflanze gekauft werden.

Stangen-Bohnen tragen Blüten in lebhaften Farben, die einen delikaten Bohnengeschmack haben und Salate bereichern.

Zucchini liefern Blüten, die mit Rahmkäse und Pinienkernen gefüllt, anschließend in Butter getaucht und goldgelb angebraten hervorragend schmecken. Verwenden Sie die männlichen Blüten (sie stehen an einem dünnen Stängel) und nicht die weiblichen mit einem kleinen geschwollenen Zucchiniansatz dahinter.

Wildnis zum Genießen

Gehölzpflanzungen auf Häusern sind nur etwas für versierte Dachgärtner und haben so gut wie nichts mehr mit den »Mini-Gärten« zu tun, die aus ein paar Kästen vor dem Fenster bestehen. Ambitionierter als mit einer Minilandschaft auf dem Dach kann man die städtische Nutzpflanzenkultur kaum noch betreiben, denn Sie müssen mit Sicherheit einen Landschaftsgärtner und auch einen Bauingenieur zurate ziehen. Aber wenn es Ihnen tatsächlich gelingt, ein solches Grün hoch droben anzulegen, werden Sie reich belohnt. Mitten in der Stadt zu wohnen und sich trotzdem in einem Zauberwald verlieren zu können, zwischen Bäumen zu spazieren und die eine oder andere Kirsche zu pflücken – das ist der Traum jedes Stadtgärtners! Kaum zu glauben, dass man 3 m hohe Bäume in nur 30 cm tiefer Erde ziehen kann.

Inspiration

DACHWALD: HIMMLISCHES PARADIES

Nirgendwo bekommt man mehr Anregungen für seinen Stadtgarten als auf dem Dach des »Reading International Solidarity Centre« im Süden Englands. Die Oase im obersten Stockwerk führt auf eine Weltreise zu ebenso exotischen wie schönen Nutzpflanzen – angefangen von Chilenischen Guaven über Mispeln und Japanische Weinbeeren bis hin zu Shitake-Pilzen und Yam. Man findet hier reife Kirschen, Haselnüsse, Birnen und Äpfel, aber auch Bäume, die nicht sofort als Nutzpflanzen identifizierbar sind. Von der Blaugurke (*Decaisnea fargesii*) hängen bläuliche, schotenartige Früchte, der Erdbeerbaum schmückt sich mit seltsamen rosa Stachelbällen und die Stachelesche (*Zanthoxylum alatum* var. *planispinum*) ist von lebhaft roten, pfefferkornartigen, würzig schmeckenden Beeren übersät. In einer anderen Ecke steht eine Felsenbirne mit winzigen süßen, roten Früchten neben einer Wollmispel, die stolz ihre breite, exotisch glänzende Krone vorzeigt.
Zäune und Mauern dieses Dachgartens sind von Rankern wie Kiwi, Hopfen, Weinreben und Himbeeren überwachsen. Neben dem mit Holzschnipseln und Kies bestreuten Waldweg wachsen Bärlauch, Wasabi, Salomonssiegel, Ampfer und Wald-Erdbeeren. Im Herbst liegt der Boden voll mit fleischigen, süßen Mispeln, die der Wind von den Ästen geweht hat. Wo immer man hinblickt, bietet sich eine – wenn nicht optisch, dann zumindest geschmacklich – faszinierende, ungewöhnliche Pflanze dar: eine Stevie, deren supersüße Blätter als Zuckerersatz genutzt werden, oder eine Chilenische Guave mit Früchten, die wie Wald-Erdbeeren schmecken.

Solarzellen und ein Windrad treiben ein Regenwasser-Pumpsystem an. Materialien werden recycelt; Küchenabfälle aus dem Café kommen in den Kompost. Mit Nistkästen und Holzstämmen versucht man so viele Tiere wie möglich anzulocken. Eine dicke Mulchschicht hält ebenso wie der Teppich aus Wald-Erdbeeren und Kräutern die Feuchtigkeit im Boden und unterdrückt gleichzeitig Unkraut.

Die Anlage ist nicht nur ein Dachgarten, sondern tatsächlich ein Dachwald – ein in sich geschlossenes Ökosystem, in dem die natürlichen Vegetationsschichten nachempfunden sind: Obst- und Nussbäume sind mit Beerensträuchern unterpflanzt, die sich im Streuschatten wohlfühlen und unter denen wiederum Kräuter und niedrige Vegetation gedeihen.
Im Gegensatz zu herkömmlichen Obst- und Gemüsegärten, in denen viele Pflanzen jedes Jahr ersetzt werden, ist dieser Wald auf Jahre angelegt – und zeigt damit beispielhaft auf, wie Nahrungsmittel in luftiger Höhe ohne großen Aufwand angebaut werden können.

NUTZWALD IM KLEINFORMAT

Ein Nutzgarten auf dem Dach braucht überraschend wenig Pflege, da die meisten Pflanzen mehrjährig sind. Beeren, Reben und Obstbäume werden viele Jahre alt, müssen nur etwas geschnitten werden und tragen reichlich Früchte. Kräuter wie Thymian und Minze, aber auch Erdbeeren und Ampfer leben ebenfalls relativ lange. Sie alle kommen bestens mit Töpfen zurecht und fordern weniger Aufmerksamkeit ein als einjährige Nutzpflanzen, die jedes Jahr neu ausgesät werden müssen.

Versuchen Sie Ihren Mini-Garten umweltfreundlich und nachhaltig zu bewirtschaften – etwa, indem Sie Regenwasser sammeln. Lohnenswert ist auch ein Wurmkomposter, der Küchenabfälle in guten Humus verwandelt. Mulchen Sie Ihre Gefäße mit allem, was Feuchtigkeit speichern hilft. Versuchen Sie bei der Bepflanzung mehrere Nutzpflanzen so zu kombinieren, sodass sie voneinander profitieren. Kletterer und Sträucher kann man z. B. mit mehrjährigen Bodendeckern unterpflanzen, die den Wurzelraum beschatten. Beispiel: eine winterharte Kiwi mit Wald-Erdbeeren als Fußvolk.

Projekt

BEWÄSSERUNG OHNE TECHNIK

Man braucht kein automatisches Bewässerungssystem für zufriedene Pflanzen. Für ein Topfarrangement oder Hochbeet tut es auch ein Sickerschlauch, der von einem auf Ziegeln erhöhten Eimer gespeist wird. Alle dafür erforderlichen Utensilien sind im Gartencenter oder Baumarkt erhältlich.

Sie brauchen:

- 1 Haushaltsbohrer
- 1 robuster Eimer
- Plastikwasserhahn (wie für Wassertonnen)
- 4 oder 5 Ziegel oder etwas Ähnliches, auf das der Eimer gestellt wird
- Sickerschlauch oder Gartenschlauch mit Löchern
- 1 Verschluss für das Schlauchende

Und so geht's:

Ein Loch in Bodennähe in die Seitenwand des Eimers bohren und den Hahn darin befestigen. Eimer auf die Ziegel stellen. Schlauch am Hahn befestigen und so verlegen, dass er über den Substratoberflächen der einzelnen Töpfe zu liegen kommt. Verschluss in das Ende des Schlauchs stecken. Eimer mit Wasser füllen. Das Wasser wird langsam aus den Löchern in das Substrat und zu den Pflanzenwurzeln sickern.

OBST UND GEMÜSE FÜR IHREN WALDGARTEN

Hohe Gehölze: Äpfel, Birnen, Pflaumen, Kirschen, Quitten, Oliven, Pfirsiche, Aprikosen, Feigen, Erdbeerbäume (*Arbutus andrachne*), Wollmispeln, Haselnüsse, Maulbeeren, Felsenbirnen

Kletterpflanzen und Beerensträucher: Trauben, winterharte Kiwis (*Actinidia arguta* 'Issai'), Himbeeren, Japanische Weinbeeren (*Rubus phoenicolasius*), Passionsfrüchte, Loganbeeren, Brombeeren, Taybeeren, Boysenbeeren

Mittelhohe Sträucher: Heidelbeeren, Chilenische Guaven, Goji-Beeren, Stachelbeeren, Kultur-Preiselbeeren, Jostabeeren

Niedrige Pflanzen: Zitronenverbenen, Rosmarin, Salbei, Lavendel, Baldrian, Minze, Ampfer

Bodendecker: Wald-Erdbeeren, Yam (*Oxalis tuberosa*), Ampfer, Bärlauch, Schnittlauch, Zitronenmelisse, Thymian, Oregano, Wasabi

Exoten mit Urwaldflair

Kiwi

Kiwis sind Kletterpflanzen und ziehen sich an Stützen hoch. Mit der Zeit wachsen sie zu beeindruckenden Sträuchern heran, die echtes Dschungelflair verbreiten. In kühlen Klimazonen pflanzt man am besten die Kleinfrüchtige Kiwi (*Actinidia arguta*), etwa die Sorte 'Issai'. Sie übersteht auch strenge Fröste und trägt Bündel aus süßen, traubengroßen Früchten, die man mitsamt der Schale isst, da sie nicht wie die handelsüblichen Kiwis behaart sind. Bei angemessenem Schnitt erbringt sie einen guten Ertrag. Wer die »normale« Kiwi *Actinidia deliciosa* bevorzugt, sollte sich für die Sorte 'Jenny' entscheiden, die sich selbst befruchtet, sodass man nur ein Exemplar braucht.

Kiwis kommen in einen mindestens 30 cm großen Topf mit Blumen- oder Einheitserde an einen geschützten, sonnigen Platz. Junge Triebe schützt man im Frühjahr vor Frost. Ohne einen Schnitt breiten sich die Kiwiranken rasch aus, was aber auf Kosten des Fruchtansatzes geht – es lohnt sich also, sie im Zaum zu halten.

Als Stütze bietet man ihnen parallel an einer Wand gespannte Drähte mit etwa 45 cm Abstand oder ein Rankgitter. Stecken Sie einen langen Bambusstab in den Topf und binden Sie ihn an die Drähte. Sobald die Pflanze den untersten Draht erreicht, reibt man bis auf drei Triebe alle weg und bindet den obersten Trieb an den Stab, die unteren dagegen zu beiden Seiten des Haupttriebs an den horizontalen Draht.

Sobald der Haupttrieb den zweiten Draht erreicht bzw. – falls er an einem Rankgitter wächst – 45 cm zugelegt hat, bindet man zwei weitere Seitentriebe an den nächsthöheren Draht und reibt die übrigen neuen Triebe weg. Haben die Seitentriebe eine Länge von 90 cm, schneidet man sie zurück, damit auch sie Seitentriebe bilden. Diese werden später auf fünf Blätter zurückgeschnitten. Im Winter werden

die Seitentriebe bis auf zwei Knospen über der Stelle, in der im Sommer davor die Frucht stand, eingekürzt.

Wer eher auf eine Dschungelatmosphäre Wert legt und nicht so sehr auf Früchte aus ist, nimmt Blütentriebe im Frühjahr heraus, damit die neuen Triebe Platz zum Wachsen haben.

Japanische Weinbeeren

Die Japanische Weinbeere (*Rubus phoenicolasius*) ist eine Verwandte der Himbeere und ein echter Blickfang. Ihre orangefarbenen Haare und Stacheln an leuchtend rosa Trieben bieten vor allem in der Wintersonne einen atemberaubenden Anblick. Die kleinen orangeroten, saftigen Beeren sind süßer als die von Himbeeren.

Man zieht Weinbeeren wie Himbeeren und pflanzt sie in einen mindestens 45 cm breiten Topf. Abgeerntete Ruten werden im Spätsommer bis zum Boden zurückgeschnitten, während man die kräftigen neuen Triebe an horizontal gespannten Drähten befestigt. Bindet man sie fächerförmig an, hat man ganzjährig ein dekoratives Gewächs. Weinbeeren können aber auch freistehend im Topf wachsen und hängen dann elegant über.

Goji-Beeren

Goji-Beeren (*Lycium barbarum*) sind eine echte Vitaminbombe. Sie enthalten etwa 500-mal mehr Vitamin C als Orangen. Die strauchigen Büsche stammen aus dem Himalaja. Ihre leuchtend roten, hagebuttenartigen Früchte kennt man dort als »Glücksbeeren«, da sie angeblich zufrieden stimmen.

Pflanzen Sie Goji-Beeren in einen mindestens 30 cm breiten Topf an einen vollsonnigen Standort. Die Pflanzen wachsen sehr schnell und erreichen im Gefäß 1,2 m Höhe. In ihrem zweiten Jahr tragen sie mitunter bereits ein Kilo Früchte. Wind und Trockenheit können den anspruchslosen Gewächsen nichts anhaben, was sie zu idealen Dachgartengewächsen macht. Frisch schmecken die Beeren nach Lakritz, getrocknet eher wie Preiselbeeren.

Yam

Das ungewöhnliche Wurzelgemüse aus Südamerika, auch Oka oder Peruanischer Sauerklee genannt, sieht wie eine kleine Kartoffel aus. Man kann es kochen oder braten, doch wird es am besten roh gegessen, weil es so knackigfrisch ist und nach Zitrone schmeckt. Gepflanzt wird Yam (*Oxalis tuberosa*) ab Juni mit rund 20 cm Abstand in Gefäße. Sie breitet sich ungehemmt aus, doch kann man die Triebe an eine aufrechte Stütze binden.

Ernten Sie die Wurzeln erst im Spätherbst oder Frühwinter nach den ersten Frösten.

Chilenische Guave

Siehe S. 59

Oben: Die Blütenstände der Japanischen Weinbeere mit lebhaft rosa gefärbten Stängeln.

Links: Kiwi in voller Blüte.

Vertikale Gärten

Stellen Sie sich vor, Sie ziehen Ihre eigenen Bohnen, Erdbeeren und Tomaten an der Außenwand Ihrer Küchentür in einem vertikalen Garten, der auf dem winzigsten Balkon Platz hat und trotzdem ganzjährig Frisches liefert. Noch dazu ganz ohne Ihr Zutun. Sie müssten lediglich die Wandmodule anfangs bepflanzen, das automatische Bewässerungs- und Düngersystem einschalten, zurücktreten und Ihr Grün beim Wachsen beobachten. Kein Substrat, kein Gießen, nur frisches Obst und Gemüse jeden Tag. Nun stellen Sie sich vor, ganze Wohnblocks wären mit solchen Modulen verkleidet. Und in allen würde mitten in der Stadt, ob in Hamburg oder New York, frisches Obst und Gemüse wachsen. Keine grauen, sterilen Stadtlandschaften mehr, sondern Türme aus modernen, grünen hängenden Gärten. Ein Zukunftsszenario, sicher, doch eines steht heute schon fest: Die Zukunft der Nahrungsmittelproduktion ist vertikal.

Vertikales Grün

Wenn sich der Klimawandel und das Bevölkerungswachstum mit unverminderter Geschwindigkeit fortsetzen, wird es Fachleuten zufolge die Landwirtschaft im heutigen Sinne in 50 Jahren nicht mehr geben. Rund 50 Prozent der Menschheit lebt bereits in Städten – im Jahr 2050 werden es schon 80 Prozent sein. Und in dem Maß, in dem die Weltbevölkerung zunimmt, schrumpft die landwirtschaftliche Fläche. 1970 kamen auf einen Menschen 4 000 Quadratmeter Land – im Jahr 2 000 waren es nur noch halb so viel. Für 2050 prognostizieren die Vereinten Nationen gar eine Pro-Kopf-Fläche von lediglich 1 500 Quadratmetern. Wie, muss man sich fragen, soll die Menschheit da noch ernährt werden?

Eine Lösung ist womöglich der vertikale Anbau: riesige Stahltürme im Herzen von Städten, in denen Obst und Gemüse hydroponisch, also in einer Nährlösung und nicht in herkömmlichem Substrat, gezogen werden. Statt Nahrung in die Städte zu transportieren und dabei wertvolle Kraftstoffe und andere Ressourcen zu verbrauchen, ließen sie sich auch direkt in der Stadt anbauen. Ein zwei Hektar großer Häuserblock mit 30 Stockwerken würde gut und gerne 50 000 Menschen ernähren, behauptet Dickson Despommier, Professor an der Columbia Universität. Die neue Disziplin heißt »Agritektur«: der Bau von Häusern, die für die Massenproduktion von Nahrungsmitteln ausgelegt sind. Illustrationen, wie solche Türme aussehen könnten, machen den Reiz dieses Ansatzes deutlich. Bislang sind derartige Konstruktionen aber noch viel zu unrentabel.

Etwas realistischer erscheinen da schon die Vorschläge der New Yorker Raumfahrtsingenieurin und Universitätsprofessorin Natalie Jeremijenko. Ihre käferartigen Gewächshäuser sollen auf Dächern befestigt werden. Mit ihren gespreizten Stelzenbeinen verteilen sie das Gewicht auf tragende Mauern, während die Stromlinienform eine optimale Ausrichtung zur Sonne und minimalen Windwiderstand garantieren. Diese Gewächshäuser könnten auf allen leeren Dachflächen installiert und mit Pflanzen in hydroponischen Behältern bestückt werden.

Gartenerde ade?

Hydroponik ist der Anbau von Pflanzen in einer Nährstofflösung statt in Substrat. Die Pflanzen wurzeln in einem leichten Material wie Holzwolle und werden über die Lösung gedüngt und gewässert. Der Ertrag steigt auf diese Weise enorm (bis auf das Zehnfache), und Abfallmaterialien können problemlos recycelt werden. Bei dem erdelosen Kulturverfahren werden mindestens 20 Prozent weniger Wasser als beim herkömmlichen Anbau benötigt. Zudem braucht man sich nicht mit Bodenschädlingen und -krankheiten herumzuschlagen.

Schon jetzt findet man die Hydroponik immer häufiger auf Dächern von Stadtgebäuden. 2010 begann Gotham Greens mit der Anlage von Dachgärten in den New Yorker Stadtteilen Queens und Brooklyn. Dort werden Salate und Kräuter hydroponisch in Gewächshäusern kultiviert. Zum Einsatz kommen erneuerbare Energien und aufgefangenes Regenwasser. Die Ernte geht an die Bioladenkette »Whole Foods«. Wie die Umweltorganisation »New York Sun Works« errechnete, könnte man bis zu 20 Millionen Menschen ernähren, wenn man die 5 000 Hektar ungenutzter Dachfläche in New York mit hydroponischen Kulturen begrünen würde.

Was aber haben diese Szenarien mit unserem kleinen Balkon bzw. Dachgarten zu tun? Ganz einfach: In nicht allzu ferner Zukunft könnten Wohnblocks vollständig begrünt werden, damit das, was draußen wächst, die Bewohner drinnen ernährt. Jede Wohnung ist dann vielleicht mit vertikalen Gärten auf dem Balkon oder sogar im Gebäude selbst ausgestattet.

Einen Blick in die Zukunft kann man in Shoreditch werfen, einem Stadtteil im Norden Londons. Hier hat man eine 2 x 4 m große Mauerfläche mit Salaten und Kräutern bepflanzt. Sie bereichern das »Waterhouse Restaurant« nicht nur mit einer ansprechenden modernen, im wahrsten Sinne des Wortes lebendigen Kulisse, sondern bieten seinen Besuchern auch frische Köstlichkeiten. Die Pflanzen des vertikalen Gartens stammen von »Biotecture UK«, einer führenden Firma für Wandbegrünung. Die

Bepflanzung setzt sich aus Blatt-Salaten, Spinat, Rucola und Petersilie zusammen. Sie wächst in mit Holzwolle gefüllten hydroponischen Modulen.

Die Chancen, die sich durch die Hydroponik für private Dachgärten und Balkone ergeben, sind enorm. »Biotecture UK« arbeitet inzwischen an kleinen, preisgünstigen Modellen. Der Designer des Unternehmens, Mark Laurence, sieht besonders in Entwicklungsländern ein enormes Potenzial für diese Anbaumethode.

Laurence passt sein erdeloses Kultursystem derzeit an den Anbau von Gemüse wie Zucchini, Busch-Bohnen und Tomaten an. Er versucht es noch umweltfreundlicher zu gestalten, indem er die Wiederverwertbarkeit der Nährlösung verbessert. Laurence prognostiziert, dass in gar nicht allzu ferner Zukunft jeder Stadtbewohner seinen vertikalen Garten auf dem Balkon hat. Man könnte dann Sämlinge per Post erhalten und müsste nur noch gelegentlich einen Wassertank füllen, damit Flüssigkeit und Nährstoffe zu den Wurzeln der Nutzpflanzen gelangen. Nach dem Ernten könnte man die Blöcke aus Holzwolle zum Austauschen in ein städtisches Recyclingcenter bringen. Eine einfache Lösung, die keinen Strom verbraucht, kein tägliches Wässern und kein schweres Substrat, das man mehrere Stockwerke hinaufschleppen muss.

Kritikern, die die Hydroponik als umweltschädlich abtun, weil die Nährlösung nicht biologisch ist, entgegnet er: »Man kann durchaus auch flüssigen Wurmdünger bzw. Beinwellpräparate verwenden.«

Im »Urb Garden« von Xavier Callaud wurde dieses Prinzip bereits umgesetzt. Der vertikale Garten, der das Format eines Schranks hat und damit die ideale Größe für einen kleinen Wohnungsbalkon, enthält Erdbeeren, Tomaten, Salate und Kräuter. Sie wachsen zwar in herkömmlicher Gartenerde, bekommen ihren Dünger aber aus einem integrierten Wurmkomposter für Küchenabfälle. Die nahrhafte Flüssigkeit wird über eine Konstruktion ans obere Ender der Wand gepumpt und kann dann nach unten sickern. Nach dem Ernten lässt sich das Substrat durch frischen Wurmkompost ersetzen. Nachhaltiger geht's kaum!

Callauds vertikalen Garten gibt es vorerst nur als Prototyp, doch ist es lediglich eine Frage der Zeit, bis er – und ähnliche Systeme – die »grüne« Revolution in den Städten einen weiteren großen Schritt voranbringen. Überhaupt werden die nächsten Jahrzehnte für die urbane Nahrungsmittelproduktion entscheidend sein. Die Städte werden sich zweifellos umstellen müssen, wenn sie dazu beitragen wollen, die Weltbevölkerung zu ernähren. Ob das nun mit insektenförmigen Konstruktionen auf Dächern, vertikalen Grünflächen an riesigen Wolkenkratzern oder kleinen Hängegärten vor den Küchenfenstern jeder Wohnung geschieht, wird sich zeigen. Eines ist jedenfalls sicher: Stadtlandschaften werden in 50 Jahren ganz anders als heute aussehen. Vielleicht sogar ein bisschen grüner.

Hydroponische Kultur – ist das die Zukunft des Stadtgärtnerns?

Schädlinge und Krankheiten

Apfelsägewespe
Sägewespen legen ihre Eier in Apfelblüten. Ihre Larven verursachen narbenähnliche Verletzungen an Äpfeln. Die Früchte reifen nicht und fallen im Frühsommer vom Baum. Beschädigtes Obst wird von den Zweigen geschnitten oder, falls es bereits abgefallen ist, eingesammelt. Man wirft es nicht auf den Kompost, sondern entsorgt es.

Apfel- und Birnenschorf
Regen und Wind verbreiten die Sporen dieses Pilzes, der dunkelgrüne Flächen auf den Blättern von Apfel- und Birnbäumen und später korkigen Schorf auf Früchten verursacht. Befallenes Laub wird entfernt und entsorgt, um eine Ausbreitung der Sporen zu verhindern.

Apfelwickler
Die Larven des Apfelwicklers fressen Gänge in die Früchte von Apfel- und Birnbäumen und hinterlassen Kotkrümel. Die Früchte fallen ab. Das Fallobst mit Maden aufsammeln und vernichten. Auch Pheromonfallen helfen zur Befallsregulierung.

Blattläuse
Die kleinen schwarzen, grünen oder rötlichen Tiere befallen zahlreiche Obst- und Gemüsepflanzen. Sie treten gehäuft an weichen Triebspitzen auf und saugen Saft. Auf ihren Ausscheidungen, Honigtau genannt, siedeln sich Rußtaupilze an. Man bekämpft die Tierchen mit Seifenlösungen oder biologischen Insektiziden, die es in allen Gartencentern gibt. Auch Wasser mit ein paar Tropfen Spülmittel dezimiert sie. Die Mittel werden mit einer Sprühflasche auf die befallenen Stellen gesprüht.

Blutläuse
Äpfel können von diesen Schädlingen befallen werden, die im Frühjahr und Sommer einen weißen, watteartigen Überzug auf den Trieben hinterlassen. Man wäscht sie mit Seifenlauge ab.

Blütenendfäule
An der Blütenansatzstelle von Tomaten (der Unterseite der Frucht) bilden sich dunkle, ledrige Flecken. Schuld daran ist unregelmäßiges Wässern. Befallene Früchte müssen abgeschnitten werden. Gießen Sie weniger und öfter, statt nur hin und wieder sehr stark.

Dickmaulrüssler
Die grauschwarzen Käfer fressen buchtenförmig Blattränder an. Viel schlimmer für Topfpflanzen aber sind ihre Larven, denn sie ernähren sich von den Wurzeln und bringen Gewächse zum Absterben. Adulte Käfer werden zerdrückt. Falls Sie kleine, weiße, U-förmig gekrümmte Larven im Substrat entdecken, schütteln Sie die Erde von den Wurzeln, waschen diese gründlich und pflanzen das Gewächs in frisches Substrat. Die befallene Erde entsorgt man im Hausmüll, um zu verhindern, dass sich die Schädlinge im Garten ausbreiten.

Mit Netzen schützt man Kohlgewächse vor Tauben und Kohlweißlingen, deren Raupen die Blätter kahlfressen.

Echter Mehltau
Erbsen, Äpfel, Reben, Melonen, Zucchini, Kürbisse und Gurken sind anfällig für diese Pilzkrankheit, die die Blätter wie gepudert aussehen lässt. Man verbessert die Luftzirkulation, indem man einzelne Blätter oder auch ganze Pflanzen entfernt, regelmäßig düngt und das Substrat nicht austrocknen lässt.

Erdflöhe
Kleine Löcher in Rucola- und Kohlblättern deuten auf diesen Schädling hin. Die winzigen schwarzen Käfer fliegen hoch, wenn sie gestört werden. Ein geringer Befall schadet kaum, nehmen die Tierchen aber überhand, sollte man auf den Anbau von Rucola zwischen Ende Mai und Hochsommer verzichten.

Grauschimmel
Die Infektion ist an einem grauen, flaumigen Schimmelrasen auf Blättern und Früchten zu erkennen. Erkranktes Material wird entfernt. Vorbeugend versucht man Salatsämlinge nicht zu tief zu pflanzen.

Himbeerkäfer
Die Käfer stechen ihre Eier in Brombeeren und Himbeeren, die dadurch braun, hart und ungenießbar werden. In den Beeren findet man kleine weiße Maden. Durch Einlegen der Beeren in Salzwasser kriechen die Tierchen heraus. Spült man die Früchte anschließend gründlich, kann man sie noch verzehren.

Kartoffelschorf
Es bilden sich schorfige Stellen auf der Schale von Kartoffeln. Sie sind nur oberflächlich und beeinträchtigen den Geschmack nicht. Man kratzt sie vor dem Kochen ab.

Katzen
Katzen können sehr lästig sein. Sie kratzen im Substrat frisch besäter Gefäße und missbrauchen sie als Toiletten. Man kann sie meist fernhalten, indem man dornige Zweige über die Töpfe legt.

Kraut- und Knollenfäule
Die Pilzkrankheit verbreitet sich über die Luft. Sie tritt vor allem in feuchten, kühlen Sommern auf und befällt

Tomaten und Kartoffeln. Kartoffeln auf Balkonen sind in der Regel gegen sie gefeit, da es sich meist um frühe oder mittelfrühe Sorten handelt, die geerntet werden, bevor sich der Pilz ausbreitet. Auf dem Laub bilden sich braune Flecken mit weißen Ringen an der Unterseite. Beim ersten Anzeichen von Krautfäule gräbt man die Kartoffeln aus. Auch auf Tomatentrieben werden braune Flecken sichtbar; die Früchte können über Nacht schwarz werden und später faulen. Bei Tomaten reicht es, befallene Blätter und Früchte sofort abzuschneiden, um eine Ausbreitung zu verhindern. Erkrankte Teile dürfen nicht kompostiert werden, da die Sporen überleben und weitere Pflanzen befallen können.

Kräuselkrankheit

Pfirsich-, Nektarinen- und Aprikosenbäume sind anfällig für diese Pilzkrankheit. Die Blätter werden rot und kräuseln sich, um schließlich abzufallen. Regenspritzer verbreiten die Sporen, weshalb man die Ausbreitung begrenzen kann, indem man zu Fächern erzogene oder in Töpfen wachsende Bäumchen vom Herbst bis zur Frühjahrsmitte mit einer Plastikfolie abdeckt (es muss aber noch Luft ins Innere gelangen) oder in der kalten Jahreszeit nach drinnen bringt. Suchen Sie im Handel nach resistenten Sorten.

Minierfliegen

Winzige Larven machen sich über die Blätter von Mangold, Spinat und Roter Bete her. Sie fressen Gänge in die Blätter, die braune, nekrotische Flecken bekommen. Man entfernt geschädigte Blätter oder zerdrückt die Larven in den Blättern mit den Fingern.

Möhrenfliege

Auf Balkonen oder Dachgärten tritt sie in der Regel nicht in Erscheinung, da sie nicht höher als 60 cm fliegt.

Monilia-Spitzendürre

Wenn frische Triebe von Obstbäumen ein paar Wochen nach der Blüte plötzlich welken und absterben, ist vermutlich diese Pilzkrankheit schuld. Sie kann Äpfel, Birnen, Pflaumen, Kirschen, Nektarinen, Pfirsiche und Aprikosen befallen. Vertrocknete Früchte/Fruchtmumien müssen entfernt und entsorgt, erkrankte Zweige im Winter herausgeschnitten werden.

Napfschildlaus

Der Schädling tritt an Zitrus- und Lorbeerbäumen auf. Die schildartigen Tiere sammeln sich in den Blattachseln und an der Unterseite der Blätter. Sie saugen Saft und schwächen die Pflanze. Man sammelt sie von Hand auf oder entfernt sie mit einer alten Zahnbürste und Seifenwasser.

Obstbaumkrebs

Die Krankheit befällt Steinfrüchte wie Pfirsiche, Pflaumen, Kirschen und Aprikosen. An den Zweigen bilden sich eingesunkene Stellen, aus denen brauner Gummifluss austritt. Befallene Stellen werden bis mindestens 20 cm hinter der erkrankten Stelle abgeschnitten; die Schnittabfälle wirft man in den Haushaltsmüll oder verbrennt sie. Vorbeugend schneidet man Steinfrüchte nur in den Sommermonaten.

Raupen

Wenn in Blättern große Löcher erscheinen, aber die typischen Schleimspuren von Schnecken fehlen, sind meist Raupen schuld. Man sucht unter den Blättern nach den Tieren oder ihren Eiern und zerdrückt sie oder sammelt sie ab.

Risse in Tomaten

Unregelmäßiges Wässern lässt Tomaten aufplatzen. Deshalb gießt man besser weniger und öfter als selten und reichlich.

Rote Spinne

Spinnmilben treten meist in Gewächshäusern auf, können in trockenen, heißen Sommern aber auch Zitruspflanzen, Gurken und Paprika draußen befallen. Die mikroskopisch kleinen Insekten besiedeln Blätter, saugen ihren Saft und schwächen die Pflanze. Es bilden sich blassgelbe Flecken auf den Blattunterseiten und feine Gespinste. Besprühen Sie das Laub, um die Luftfeuchtigkeit zu erhöhen. Unter Glas kann man Spinnmilben mit *Phytoseiulus persimilis* bekämpfen, eine Raubmilbe, die über den Versandhandel erhältlich ist.

Schnecken

Manchmal schaffen es Schnecken als blinde Passagiere in Töpfen oder altem Substrat bis auf Balkone. Sie sind selbst in luftiger Höhe äußerst lästig. Man entsorgt sie im Müll und kontrolliert gelegentlich Töpfe und Unterschlüpfe. Schneckenkorn auf der Basis von Eisenphosphat ist sehr wirksam, aber für andere Tiere ungiftig.

Trauermücken

Die rund 4 mm langen braunen Fliegen sind auf der Oberfläche von feuchter Topferde anzutreffen. Ihre Larven ernähren sich von Wurzeln, wodurch insbesondere Sämlinge, die im Frühjahr drinnen in Töpfe gesät werden, umfallen und eingehen. Trauermücken mögen es feucht, weshalb man sie am besten von unten gießt und die Wassergabe auf ein Minimum beschränkt. Hilfreich ist auch eine Mulchschicht aus Kies oder Sand.

Vögel

Die Früchte von Pflaumen-, Kirsch- und Pfirsichbäumen sind für viele Vögel ein Leckerbissen. Über Kohlgewächse wiederum machen sich bevorzugt Tauben her. Falls die Schäden zu groß werden, schützt man Obst und Gemüse während der Reife mit Netzen. In Bäume kann man zur Abschreckung Plastikflaschen oder DVDs hängen.

Weiße Fliegen

Ganze Schwärme winziger weißer Insekten fliegen auf, wenn sie gestört werden. Man bekämpft sie mit Kaliseife oder Spülmittel, das mit Wasser verdünnt und mit einer Sprühflasche ausgebracht wird.

Wollige Rebenschildlaus

Vor allem Weinreben und Johannisbeeren sind anfällig für die flachen, braunen Insekten, die ihre Eier in wolligen Gespinsten auf die Rinde legen. Man entfernt sie mit einer alten Zahnbürste und Seifenwasser.

Nützliche Adressen

Accessoires und Gartenzubehör

Pötschke Ambiente GmbH
www.poetschke-ambiente.de
Stylische Accessoires für den Balkon: Rankhilfen, Gartenmöbel, Brunnen/Wasserspiele, Pflanzgefäße, Lampen/Leuchten.

Manna
www.manna.de
Pflanzenkästen, Blumenampeln, Kübel mit Bewässerungssystem sowie alles rund um das Thema Düngen.

Manufactum
www.manufactum.de
Sehr wertiges Gartenzubehör mit natürlichem Design: Vom Pflanzetikett bis zum Tomatenstab.

Hydroplant
www.hydroplant.ch
Vertikal gärtnern leicht gemacht: Hängende Gärten, Grüne Wand, Rankbepflanzungen.

Samen und Pflanzen

Samentraum Gassmann
www.samentraum.de
Vielfältiges Angebot an Sämereien: Biosaatgut, Stauden, Gemüse, Kräuter, Pilze, Blumenwiese.

Bingenheimer Saatgut AG
www.bingenheimersaatgut.de
Saatgut aus biologisch-dynamischem Anbau: Gemüse, Kräuter, Blumen, Blumenzwiebel, alte Sorten.

Zier- und Nutzpflanzenspezialitäten
www.monika-gehlsen.de
Tolle alte Sorten: Gemüse, Sommerblumen, Zwiebelblumen, Gehölze, Kletterpflanzen. Große Auswahl an Päonien.

Häberli Obst- und Beerenpflanzen
www.haeberli-beeren.ch
Umfangreiches Sortiment an robusten Beeren, Reben, Mini- und Säulen-Obst, Exoten für den Hausgarten sowie Balkon und Terrasse. Auch sehr hilfreiche und übersichtliche Kulturanleitungen für Pflanzung und Erziehung.

Hermann Cordes Baumschulen
www.cordes-apfel.de
Spezialbetrieb für Obstgehölze mit einer Sammlung von über 500 Apfelsorten.

Kordes Jungpflanzen Handels GmbH
www.koju.de
Umfangreiches Sortiment an Laub- und Nadelgehölzen sowie Wildobst mit über 1 000 Sorten.

Staudengärtnerei Gräfin von Zeppelin
www.graefin-v-zeppelin.com
Versandgärtnerei mit einem der größten Sortimente winterharter Gartenblumen/Stauden und Spezialitäten wie Iris, Mohn, Paeonien.

Raritätengärtnerei Treml
www.pflanzentreml.de
Gängiges Sortiment sowie viele Besonderheiten und Raritäten insbesondere Kräuter, auch Beerenobst und Gemüse (alte Sorten).

Syringa Duftpflanzen und Kräuter
www.syringa-samen.de
Über 500 verschiedene Duftpflanzen, Duftsträucher, Gemüse. Gartentipps, Schaugarten und Veranstaltungen.

Rühlemann's Kräuter & Duftpflanzen
www.ruehlemanns.de
Über 1 200 Kräuterarten und -sorten! Gestaltungstipps und Seminare.

Flora Mediterranea
www.floramediterranea.de
Der Spezialist für mediterrane Kübelpflanzen: Zitrus, Oleander, winterharte Pflanzen.

Gärtner Pötschke
www.gaertner-poetschke.de
Großer Versandhandel für Sämereien, Stauden, Erdbeeren und Gartengeräte.

Information

Verschenke-Netzwerk
www.de.freecycle.org
Weltweites Freecycle-Netzwerk organisiert in regionalen Gruppen den Austausch kostenlos abzugebender Gegenstände. Hier findet man individuelle Gefäße usw., um seinen Balkon kreativ zu gestalten. Siehe S. 54.

City Farmer
www.cityfarmer.info
Englische Seite rund um das Thema Stadtgärtnern in Vancouver/Kanada sowie viele Geschichten und Neuigkeiten von Stadtgärtnern auf der ganzen Welt.

Bienen halten
www.bienenkiste.
Die Bienenkiste ist ein Projekt des gemeinnützigen Vereins Mellifera e.V., um mit einem Minimum an Aufwand selbst Bienen halten zu können – aus Freude an der Natur und um für den Eigenbedarf etwas Honig zu ernten. Siehe S. 116.

Permakultur-Institut e.V.
www.permakultur.de
Erhaltung zukunftsfähiger Lebensräume mit Schwerpunkt Information, Projekte und Veranstaltungen zum Thema Permakultur (Gestaltung und Nahrungsproduktion, Energieversorgung, Landschaftsplanung und die Gestaltung sozialer (Infra-)Strukturen. Wirtschaften mit erneuerbaren Energien und naturnahen Stoffkreisläufen im Sinne einer ökologisch, ökonomisch und sozial nachhaltigen Nutzung aller Ressourcen).

Stadtgärtner und Stadtgärten

Eagle Street Rooftop Farm
www.rooftopfarms.org
560 m² großer Biogemüsegarten über den Dächern Manhattens. Nachhaltig und ökologisch Nahrungsmittel anbauen inmitten der Stadt. Siehe S. 83.

Reading International Solidarity
www.risc.org.uk/gardens
Waldgarten mit exotischem Flair. Auf dem Dach eines Konferenzgebäudes wird eine kleine Oase nach Prinzipien der Permakultur mit geschlossenem Ökosystem bewirtschaftet. Siehe S. 138.

Dachterrasse Mark Ridsdill Smith
www.verticalveg.org.uk
Der begeisterte Balkongärtner zeigt, wie man selbst auf kleinstem Raum jede Menge ernten kann. Siehe S. 71.

Dachdschungel in Mumbai
www.urbanleavesindia.com
120 Pflanzenarten auf 280 m² Dachfläche in Mumbai/Indien. Nachhaltig gärtnern, Spezialkompost, kreative Töpfe mit besonderen Pflanzen. Siehe S. 127.

Garten auf einer Feuerwehrleiter
www.urbanorganicgardener.com
Mike Liebermann versucht selbst an den ungewöhnlichsten Plätzen und mit geringsten Mitteln zu gärtnern. Siehe S. 74.

Register

Halbfette Seitenzahlen verweisen auf Abbildungen.

Impressum

Aus dem Englischen übersetzt von Reinhard Ferstl.
Titel der Originalausgabe: Edible Balcony
erschienen bei Kyle Books Ltd unter der
ISBN 978-1-85626-946-9

Mit 350 Farbfotos

Lektorat Judith Hannam
Grafik Dale Walker
Styling Ali Allen und Cynthia Inions
Produktion Nic Jones, Sheila Smith und Lisa Pinnell

Unser gesamtes lieferbares Programm und viele weitere Informationen zu unseren Büchern, Spielen, Experimentierkästen, DVDs, Autoren und Aktivitäten finden Sie unter www.kosmos.de

Gedruckt auf chlorfrei gebleichtem Papier

ISBN 978-3-440-13088-9

Für die deutschsprachige Ausgabe:
Redaktion: Birgit Grimm
Satz: Kullmann & Partner GbR, Stuttgart
Produktion: Ralf Paucke
Printed in China / en Chine

Bildnachweis und Dank

Dieses Buch wäre ohne die Hilfe folgender Personen nicht möglich gewesen. Ein großes Dankeschön an:

Heather und Elly, Judith und Vicki von Kyle Cathie, Sarah für die tollen Fotos, ganz zu schweigen von ihrer Hilfe beim Heben schwerer Lasten, und Ali, die Stylistin.

✻ Annie Novak von der Eagle Street Rooftop Farm, weil sie alle meine Fragen über die Nutzpflanzenkultur auf Dächern beantwortet hat und einen so inspirierenden Garten kultiviert – warum haben wir nicht alle einen Stadtbauernhof auf einer ehemaligen Bagel-Fabrik in Brooklyn?
✻ Chris Reilly vom Shoreditch Trust, weil ihm nichts zu viel war.
✻ Dr. Luke Dixon von der London Beekeepers' Association's (urbanbeekeeping.co.uk), weil er so geduldig alle meine Fragen über Bienen beantwortet hat. Nikki Vane, weil wir ihren außergewöhnlichen Dachgarten in London mit Bienenkorb fotografieren durften (lbka.org.uk)
✻ Gartenarchitektin Charlotte Wess, weil sie mir nicht nur gezeigt hat, dass man sogar in Fahrradreifen etwas pflanzen kann, sondern auch, weil sie ihre Gefäße in einem Taxi durch ganz London kutschiert hat, um sie mir auszuleihen.
✻ Den Feuerleiter-Gärtner Mike Lieberman in Manhattan, weil er mir gezeigt hat, dass klein schön sein kann und dass lackierte Pflastikflaschen nicht schlecht aussehen.
✻ Mark Ridsdill Smith von Vertical Veg für seinen originellen Recyclingbalkon, seine Tipps, wie man Selbstbewässerungsgefäße konstruiert und seinen Hinweis, dass man Sonnenblumensprossen essen kann.
✻ Garth Hewitt, weil er uns seinen Balkon einen Morgen lang überlassen hat.
✻ Liz Fay, weil wir ihre Feuerleiter mit Aussicht fotografieren durften
✻ Marie Viljoen, weil wir ihren Balkon in Manhattan fotografieren durften.
✻ David Lewis, den Chefgärtner der Kensington Roof Gardens, weil er weiß, dass Dachgärten Spaß machen.
✻ Helen Cameron vom Uncommon Ground Restaurant in Chicago, weil sie meine Fragen beantwortet und mir den Weg zu »Earthboxes« gezeigt hat.
✻ Dave Richards vom Reading International Solidarity Centre, weil er uns seinen erstaunlichen Dachgarten und die Chilenischen Guaven gezeigt hat – vielen Dank für das Abschneiden.
✻ Mark Laurence von Biotecture, weil er alle meine Fragen über die Zukunft des Nahrungsmittelanbaus in Städten und über vertikale Gärten beantwortet hat.
✻ Ben Mason, weil er uns eine großartige sonnige Dachterrasse an einem sehr heißen Tag gezeigt hat – ein Extradankeschön für das eisgekühlte Wasser mit Zitrone.
✻ Anthony Roberts und Michael Waring, weil wir ihren wunderschönen Balkon fotografieren durften, weil sie entgegenkommend waren, als die Sonne zunächst zu hell war und es dann regnete, und weil sie sich um meine Calamondin kümmerten, als das Taxi nicht kam.
✻ Jo Behari für ihre praktischen Tipps über Bodenbeläge und Gewichtsbeschränkungen.
✻ Stuart Robinson von Wolff Olins, weil er uns den windigen, aber herrlichen Dachgarten fotografieren ließ
✻ Preeti Patil vom Mumbai Port Trust, weil sie ihr Wissen über die Herstellung von Kompost und den Anbau exotischer Früchte mit uns geteilt hat.
✻ Paul Richens von Global Generation, weil er mir einige seiner fabelhaften Dachgärten gezeigt hat und mir mehr Fragen über Wurmkomposter beantwortet hat, als eine einzelne Person eigentlich kann.

Weitere Abbildungen:

✻ S. 5 Clive Nichols ✻ S. 6–7 Marie Viljoen ✻ Derek St Romaine Garden Photo Library S. 37 Peter Cassidy S. 40 garden picture library/Andrea Jones ✻ S. 45 Peter Cassidy ✻ S. 48 Peter Cassidy ✻ S. 51 GAP/FhF Greenmedia ✻ S. 55 Derek St Romaine Garden Photo Library ✻ S. 79 Clive Nichols ✻ S. 80 Patrick Kovarik/AFP/Getty Images ✻ S. 81 photolibrary/John Carey ✻ S. 83 Adam Golfer ✻ S. 87 Peter Cassidy ✻ S. 96 Clive Nichols ✻ S. 105 Clive Nichols/Designer: Charlotte Rowe, London ✻ S. 112 GAP/Paul Debois ✻ S. 113 GAP/Friedrich Strauss ✻ S. 117 AFP/Getty Images ✻ S. 117 Peter Cassidy ✻ S. 117 Cristian Barnett ✻ S. 125 GAP/Lee Avison ✻ S. 126 Peter Cassidy ✻ S. 143 GAP/Anne Green-Armytage ✻ S. 144 David McLain/Aurora Photos/Corbis ✻ S. 149 GAP/FhF Greenmedia ✻ S. 150 GAP/Lee Avison ✻ S. 152 photolibrary/Photos Lamontagne ✻ S. 153 photolibrary/Mark Bolton

Für Theo und Arthur